ちくま新書

日本の転機

――米中の狭間でどう生き残るか

ロナルド・ドーア
Ronald Dore

984

日本の転機——米中の狭間でどう生き残るか【目次】

序にかえて

「実に吾人の胆を寒からしむ。」

この言葉を、明治四二（一九〇九）年の日本の「輿論」を見渡して、朝河貫一[1]が、その年に出版した『日本の禍機』の序文で述べている。当時おそらく唯一の、米国一流大学の生粋の日本人教授であった朝河は、封建制度形成期の比較研究で有名な歴史学者でありながら、国際関係のリアリストでもあり、立派な平和主義者だった。

その本は、米国と究極的には衝突せざるをえない暴走をつづける日本への警告だった。朝河によれば、日露戦争までは、普通の米国人にとって、ロシアは恐ろしい存在で、日本に同情していた。ところが、日露戦争終結から四年がたって、ロシアへの警戒が忘れられて、日本が「戦勝の余威を弄して、隣近を併呑」しようとしている恐ろしい国と認識されるようになり、米国人の同情が全て中国と韓国に向けられるようになったという。

そう考える米国人には理があって、日本が非難されるべきだと朝河はいう。米国が大事にする二大原則を日本が侵しているからだ。「二大原則とは、清帝国の独立および領土保全、並びに列国民の機会均等」。

朝河は、いわば米国民の「良識」を代弁して（偽善も交えているのを認めて）、米国輿論を無視する日本人をたしなめている。

私のこの本は、逆に、米国の「悪識」を鵜呑みにしすぎて、世界をまっすぐ見ることができなくなった日本人をたしなめることを企図している。

しかし、肝の温度差はさておき、私も「まったく同感！　一世紀経っても同じだ！」と敬嘆するところも朝河の本にはある。とくに「胆を寒からしむ」ことを説明するところは、意を一にする。その趣旨は、日本人は「克己」（いかにも儒教的なこの概念は字引がこう定義する。「誰よりも客観的に自分を見る目を失わずに、身体を鍛え、知性を身につけ、自分の仕事を厳しく評価しながら常に進歩し続けること」）の精神が足りないことを伝える点にある。曰く、

一国内の輿論は、霊妙不可思議の圧力あるがゆえに、これがために思想行為を束縛せられざるものは、賢者といえども稀なり。これをもって史上の国民が危機に際して、

己に克ちて将来の国是を定むること能わざるがために、窮地に陥りたる恐るべき幾多の実例あり。

ただ、幸いにして、明治四二年と違うのは、三大新聞、NHK、週刊誌、月刊雑誌などのマスメディアの論調が一元的であっても、現在はインターネットの発展にともない、さまざまな立場の論陣が張られ、反体制的な立場から書かれたブログも相当数あることだ。天木直人や孫崎享のような反逆外交官もいる。私もそれらの知見からいろいろなことを教わり、恩恵にあやかっている。

†今日の日本の「輿論」

その年その年の世論を形成する代表的な演説／文章のひとつは総理大臣の所信表明であろう。

総理大臣となって、初めての所信表明を二〇一一年九月に述べた野田佳彦総理は、当然、六カ月前の時代を分かつ大震災について、追悼の言葉、感謝の言葉、激励の言葉から始めた。しかしそのすぐ後で、こう続けた。

大震災後も、世界は歩みを止めていません。そして、日本への視線も日に日に厳しく変化しています。日本人の気高い精神を賞賛する声は、この国の「政治」に向けられる厳しい見方にかき消されつつあります。「政治が指導力を発揮せず、物事を先送りする」ことを「日本化する」と表現して、やゆする海外の論調があります。これまで積み上げてきた「国家の信用」が今、危機にひんしています。[2]

†「信用」と「威光」

多くの国民が共感して聞いた言葉だと思うが、少し正確さに欠けているところもある。「日本化する」とは、欧米では主として、経済の面、とりわけデフレの停滞に対する抜本的な対策を、日銀も財務省も今まで講じえなかったことを指している。「日本化」という言葉は、米国やヨーロッパが、日銀と同様な低金利・量的緩和策をとっても、日本と同様に長期的停滞に陥る現実的な可能性を心配していうセリフである。

しかし、「国家の信用」は別次元の問題である。文字通りにとれば、国際市場における日本の国債価格が示すように、ヨーロッパ諸国と比べてみても、日本は決して信用を落としていない。日本社会では格差がどんどん開いていても、ヨーロッパ諸国のように、資産家の犠牲によって貧乏人を助けるための再分配政策をすすめる政治勢力が出現する兆しもない。

こうした条件をそなえる日本市場に対して、国際投資家は安心して資本を投じることができる。彼らに言わせれば「無駄な福祉へ歳出する政府が、日本には将来に出現しそうもない。利子率は未曾有の低さになっている。経済——否、金融経済界に言わせれば、日本は「いい子」だ」。

危機に瀕しているのは、日本の「国家の信用」ではなく、むしろ「国家の名声」「国家の威光」であることを、野田総理は指摘しようとしたのだと思う。二〇年前にG7の主要メンバーとして華々しく活躍していた日本は、いまやG20では影響力の小さい存在となり、国際社会の舞台では日本の声に耳を傾ける者はほとんどいなくなった。それを不満に思う日本人は野田総理ばかりではないだろう。

†消極的抵抗性——積極的イニシアティヴ

二〇年前に、石原慎太郎・盛田昭夫の手になるベストセラー『「NO」と言える日本』に応えて、私は『「こうしよう」と言える日本』を書いた（朝日新聞社、一九九三年）。今は古本屋で一円で売られる本となったが、もともとあまり読まれなかった。日米安保中心の外交に甘んじていた体制派にとって、「国連中心の外交に戻れ」という拙著の主張は気に食わなかったのだろう。

と同時に、政治的に左派の人たちからも敬遠された。「「陸海空軍その他の戦力は、これを保持しない。国の交戦権は、これを認めない」とする現行憲法を、政界全体のコンセンサスのもとで、実際行為で踏みにじっている。それは恥じるべきことだ」と主張したからだ。憲法を改正して、自衛隊の現実の存在および正当性を認めて、しかし軍隊の使い方を厳しく限定する条項を代わりに入れると、はじめて、ホンモノの平和憲法ができるという主張は、伝統的な護憲派の人びとには好まれなかった。「憲法擁護」という至上命題は、一九五〇年代にはまずまず政治的な合理性があったかもしれないが、その命題にこだわりすぎていろいろな意味で機能不全に陥っている憲法をそのまま保持しようとするのは、宗教的誠実さの証しかもしれないが、頑なな非現実性か精神分裂か、いずれかの兆候としかいえないと嘲ったのは悪かったかもしれない。とにかく、私の友人もかなり含む、基本的に善意の擁護派の人びとから「危険人物」扱いされた。

あの本を出版した時期は、湾岸戦争のすぐ後だった。一九五〇年以来、日本の諸政府が憲法九条の解釈を、苦しい、インチキな論理で、次々と拡大してきたが、一九九〇年当時の解釈によって、米国が編成した多国籍軍に自衛隊は参加できなかった。その代わりに日本は、特別ガソリン税を国民に課して、戦費として一三〇億ドルを多国籍軍に差し出した。この一三〇億ドルという金額は、最終的な戦費総額（六一一億ドル）のなかで、米国が拠出した九一億ドルをしのぐ額であった。それなのに、クウェート政府が「ニューヨーク・タイムズ」紙で一面広告を買って、多国籍軍の国々に感謝を表明した時、日本の金銭的貢献に触れる言葉は一言もなかった。

九〇年代の前半、「国際貢献」が日本のメディアにおいては主要なテーマのひとつだった。なぜかといえば、むろん湾岸戦争での経験、そして後にカンボジアへ自衛隊が国連軍として出動したことが、国際貢献のあり方を問う議論が沸き立った理由としてあげられる。もうひとつの理由は、一九九五年は国連創設の五〇周年にあたり、国連憲章の改正が視野に入っていたからだ。

一九九五年の国連総会では、いわゆる「敵国条項」は第二次大戦のしこりを永遠に固定させるとして、この条項を排除すべきだという考えは一般の常識となっていた（「敵国条項」とは、紛争解決を必ず安全保障理事会を通じて図るべしという原則の例外として、イタリア、ドイツ、日本の三カ国において侵略行為が再現する兆しがある場合には、隣国が安全保障理事会に諮らずに、ただちに制することができるとするいくつかの条項）[3]。「敵国条項」の存在からも明らかなように、国連はもともとは第二次大戦の勝利国のための機関として生まれた。しかし、発足から五〇年を経て、世界全体のための国連に変身させる必要があるのは明らかだった——とくに、一九九五年においては、半世紀におよぶ米ソ対立という敵対的な均衡状態から脱出して、ホンモノの「世界の国連」を作れる可能性が生じていたから。

こうした国連の「再出発」の機運が高まりつつあるなかで、日本とドイツに、大国として、特別な権利も責任も負う安全保障理事会の常任理事の席を与える可能性もあった。

私は、一九九四年、シエナ大学で「敵国条項の国の相談会議」を組織した。三カ国の外交官、ジャーナリスト、学者、軍人に加えて、英米中の専門家も参加した。そのとき、すでにイタリアは、「ドイツが英仏とともに常任理事になったら、イタリアはヨーロッパで二流国になる」ことを恐れて、「日独常任理事国案」を脅威としてみていたことが明らかだった。

そのイタリアが動員した「日独常任理事国案」への反対勢力は、一時的には、日本が常任理事国になれなかった主要な要因だった。だが、その後は、インド、ブラジル、南アフリカの勃興によって、日本とドイツだけを常任理事国にする動きはすっかり勢いをなくして、過去のものとなった。それが、野田総理の日本の国際的名声をめぐる悩みのひとつの大きな要因だろうと思う。

一九九二年に執筆した『「こうしよう」と言える日本』という本の序文に、「多くの日本人は、国際関係に関しては、自国の無力感を出発点としている」と書いた。経済学の概念を借りた。大企業なら、自社の行動が自社の生産物の市場価格に影響を及ぼせる。そういう企業を「価格形成者」と称する。そうでない中小企業を「価格受容者」という。同様に国際環境形成者の米国に対して、日本は「国際環境受容者」とみずからを位置づけていると述べた。続いて、「日本人は参加の意識に欠けている」として、通産省の最初の女性局長、坂本春生の言葉を引用した。

†「参加の意識」

「参加」という点では、もちろん日本はさまざまな国際プロジェクトや国際機関に参加している。たとえば、途上国への経済協力、米国とのミサイル防衛開発、OECDの途上国開発事業、ASEAN首脳会議、国連の軍縮会議、国連人権理事会などに参加し、世銀やIMF、などにも相当な出資をしている。しかし、日本はそうした「参加」を、いわば世界という村落での隣近所との付き合い程度のことと捉えていて、全体的に「付き合いの構造」それ自体をよくしようとは考えていない。つまり、「国際的法的秩序の構築」という、過去の三〇〇〇年間に歴史上の賢人・理想家が積み重ねてきた営為に、日本が積極的に参加しようという意欲は、当時の政界にも、学界にも、一般世論にも、見つけにくかった。

この構造は現在も変わらない。

いつもそうであったわけではない。戦時中、日本には国威発揚を声高に叫ぶ人ばかりがいたわけではなくて、「東アジア共栄圏」の理想をまじめに追求していた人たちもいた。戦後も、平和的将来への草分け国として、軍隊保有権を放棄した最初の国として、日本の貢献を誇りに思った人は少なくなかった。しかしながら、中曾根内閣以来、「軍事費をGDPの一％に限定している唯一の大国」「非核三原則の国」というふうにその自負が水割りされた。もはや日本は新時代の草分けであるはずはなく、その自負心も単なる「よき隣人」というささやかな自負に過ぎなかった。小沢一郎が主張した「普通の国」(「平和憲法」に縛られて日本は国際貢献がしにくいから、憲法を改正して、他国と同じように軍事力を頼りに国際紛争の解決に参加し、尖閣諸島などで日本の権利をとことんまで追求できる国になれ、という主張)に甘んじるようになった。ただし、不思議な「普通の国」だ。米国の核の傘に守られて、米国の言うことを聞かなければならない従属性にも甘んじなければならないのだから。

この状態を、多くの日本人が不満に思うだろう。この本はそう感じる読者のために書いた。あしからず。

第一部
米中関係の展開と日本

会談を前に握手するオバマ米大統領（左）と胡錦濤中国国家主席（韓国・ソウル）

第一章　失われた二〇年前の楽観主義

†明るい展望の時代——九〇年代前半の空気

序で触れた『「こうしよう」と言える日本』を執筆した一九九二年は、私も含めて、国際関係が力ずくの世界から普遍的に認められたルールによって制御された世界へという人類の数千年前からの進化——つまり「法的国際秩序の構築」——に関心を持っている人びとにとっては、希望に満ちた明るい一年だった。

その前年、イラクによるクウェートへの侵略が引き起こされ、国連軍ではなく、米国が率いる多国籍軍の手によってではあったが、ともかく主権国家への侵略を国際社会は許さないという原則が堅固に維持された。そして、多国籍軍が圧倒的な優勢に立ち、空爆によって逃げまどうイラク軍が全滅の危機に陥り、首都バグダッドの占領すら簡単に実現可能であった状況で、ブッシュ・シニア大統領が人道主義者の声に耳を傾けて、先走る米軍に「待った」をかけたのであった。

同じ頃、南アフリカでは、ネルソン・マンデラが釈放され、アパルトヘイト体制が解体され始めた。イスラエル・パレスチナ紛争がノルウェイの仲介による「オスロ合意」によって、平和的解決への軌道に乗ったかにみえた。一九九二年末には、ソマリアの内戦を鎮圧することを使命とする国連軍が介入し、一時的に大いなる成果を挙げた。覇権国の米国の軍隊が、国連軍の一部として、国連に総司令官として任命されたトルコの大将の指揮下に置かれるという前代未聞の一幕も演じられた。この時期は、法的秩序構築を望んでいる人びとにとっては、希望の頂点だった。

そこからはずっと下り坂であった。

ソマリアはますます混沌とした状態に陥り、そのうえ米国がソマリアから兵隊を引き上げてしまったので、国連軍はお手上げになった。それ以来、ソマリアは、国家による統治が不在の地域となった。近年に生じた異例の二年続きの飢饉では、数万人もの人びとが餓えて死ぬという、世界に忘れられた国となった。

東アジアでは、一九九四年に北朝鮮と米国のあいだで結ばれた「米朝枠組みの合意」にしたがって、朝鮮半島エネルギー開発機構（Korean Peninsula Energy Development Organization、KEDO機構）による北朝鮮での軽水炉建設が進められようとしていた。この米朝日の合意の目的は、北朝鮮がそれまで進めていた核開発を凍結して、核拡散の恐れがより少ない軽水炉に置き換え、北朝鮮を核拡散防止条約のなかにとどめることにあった。この合意により、当初は、米朝関係が段階的に正常化していくことが期待されていた。しかし、合意が批准されて一年経ったら米国議会が、もともと合意に反対した共和党の支配下に入り、必要な資金が集まらず、米朝枠組みの合意によれば完成されたはずだった原子炉は、二〇〇三年に建設が始まったばかりだった。

そこで、二〇〇二年に小泉総理の平壌訪問で一時解決された拉致問題が（主として安倍晋三官房副長官の介入で）より激しい形で再発して、二〇〇三年に北朝鮮が国際原子力機関（IAEA）からの脱退を宣言して核兵器テストに進み、合意は決裂した。

九〇年代前半は希望に燃えていた南アフリカも、当初、マンデラが理想としていたような国ではなくなって、だんだん腐敗や暴力が蔓延する国となっていった。イスラエル・パレスチナの「和平への道のり」は、二〇〇〇年からは蜂起、鎮静、テロ、報復の連続となった。

総じて一九九〇年代後半に、西洋世界VSイスラム世界という「文明の衝突」の構図がますます鮮明になり、ついに、米国における二〇〇一年の9・11同時テロをきっかけとして、ブッシュ政権が掲げた「テロとの戦い」によって、イラクとアフガニスタンが泥沼と化し、イランと米国は双方に対する敵意をあからさまにした。

二〇一一年に「アラブの春」が起きてからは、「反米・親イスラム」勢力が北アフリカにおいてますます大きな役割を演じるようになり、シリアが内戦に陥ってイスラム世界内の分裂がますます顕著になる。一方、欧米が援助するシリアの革命勢力・サウジアラビアのスンニ派、他方ロシアと中国が援助するシリア政府・イラン・イラク・パレスチナのハマス・レバノンのヒズボラのシーア派との対立軸がますます明白になる。

とくに皮肉なのは、米国とサウジアラビアの親密な協力である。サウジアラビアは、アル・カイーダの生まれ故郷であり、ニューヨークで起きた9・11テロの犯人二一人のうち一五人の生まれ故郷で、二〇一二年八月現在、シリア反政府勢力のひとつであるアル・カイーダに武器を供給している国である。

つまり、九〇年代以降の国際環境を見渡してみれば、一言でいえば、混沌とした物騒な世の中になったのだ。

†そのとき日本は何をしていたのか?

以上のような重要な動きに対して、日本の影響はゼロに近いといえよう。

国連の場において、米国とロシア・中国の対立があった場合には、無条件で米国の肩をもち、採決のときには米国の意に添うよう投票した。イラク戦争・アフガン紛争のときには、誰も殺されそうもない後方地域へ平和部隊を送り、米軍の石油供給の確保に協力した。日本人にとって、そして日本政府にとって、世界で生じている困難な出来事はすべて対岸の火事にすぎず、積極的な介入を試みずに、日米同盟のうえに胡坐《あぐら》をかいて座視するだけであった。

ただし、北朝鮮問題を除いては。北朝鮮問題に関してだけは、日本は非常に積極的な発言をする。だが、落ち着いた冷静な発言ではない。第二章で述べる、天安《チヨンアン》沈没事件で日本がとった姿勢はそのひとつの例だ。また、六カ国会議などで、不毛な、どうにも仕様のない拉致問題にこだわって、日本が有用な役割を演じ得なくなった。さらに、二〇一二年に北朝鮮が、（同年一月にイランが実行したと同じような）衛星打ち上げを試みたときには、子供でも分かる事実（核搭載の弾道ミサイルと同じロケットを使うこと）にばかり着目して、NHKも各新聞も、おまじないのように「衛星打ち上げ、実は弾道ミサイル実験」という報道を繰り返し、ぴりぴりとしたヒステリーの空気を日本に充満させることに一役買った。これが大人の国の外交かな、と私は首を傾げたものである。

†「功なりて名を遂げる」外交の基準

隣りの国のことでときどき興奮して、あとは手を拱《こまね》いて低姿勢をとったまま――。こんな外交方針で日本はいいのだろうか。序章に引用した野田総理の所信表明をみても、明らかに、多くの日本人はよくないと感じているのだろう。

そもそも、外交政策の目標は総じて三つある。

①領土を守り、他国の侵略を受ける可能性をなくすように、隣国と適当な関係を築くこと（弾道ミサイルの時代には「隣国」の定義が広くなる）。
②自国の市民や自国の企業が海外で経済的に活動する場合、最高条件で商売ができるような国際環境を確保すること。
③国民にプライドを持たせること。外国の人と交わっても、肩身の狭いことなく、自国で生まれてよかったという自負を持たせること。

日本の外交は①②の点ではよく機能していても、③の点では、あまり成功していないのではないかと思う。まず、外交の要職に就く当の本人たちでさえ、プライドを持っていない。外務省の次官の座に就いて、米国大使にもなった村田良平は自伝でこう書いた。[4]

私は、マッカーサーが、昭和天皇を人質として、九条二項と、条件の厳しすぎる改正手続き条項とを入れて、憲法を強制したことには既に学生として本能的に強い反発を感じていた。国家公務員となった以上、この憲法に明白に違反する行為は行えないが、心中では憲法前文を軽蔑し、本文の規定にも個人的に尊重の念は持たず、機械的にやむなく従うことを秘かに心中に誓った次第であった。私は、一人の日本国民として、個人としてはかく今日まで自尊心を守って来たつもりである。

このような、精神衛生上健全とはいえない「自尊心」しかもてない外交官は、どのくらいいるのだろうか。国際会議などに出席しても、「無事に終わる」ようこぎつけることをせいぜいの目標とし、第三国の紛争の解決策を率先して探すとか、新しい国際関係のルールの設定を積極的に推進するとか、国際機関の機能を強化するとか、国際間のルールを逸脱する大国をたしなめるとか、国際会議のイニシアティヴを取ることは少ないように思う。一九九七年に日本が、地球温暖化対策の京都議定書を生んだ国際会議を主体的に運営したのは礼賛すべきことだったが、それは珍しい例外であった。

京都会議のときのようなイニシアティヴはもっとあっていいと思う。本書の主要な主張はこう要約できるだろう。一国平和主義ではなく、世界規模の平和主義——内戦は別として、少なくとも国家間の紛争・戦争をなくそうとする平和主義——を実現する国際法的秩序を構築しようとする努力を、外交目標のなかで、優先順位を高く位置づけるべきだという提案である。第一一章以降で述べる核兵器管理条約案を推進することは、唯一の被爆国として、日本がイニシアティヴをとることはとくにふさわしいと思う。

†短期間の展望、長期間の展望

以上、この二〇年間に、世界情勢・国際関係が悪化の一途をたどったように思えてならない理由を述べた。

ところが、より長い目で見れば、たとえば、一世紀半前の明治維新期の世界と比べると、国際関係のあり方はそうとう進歩してきたといえる。交通、通信のはなはだしい技術開発、それら技術の低廉化によるグローバル化は、良いことばかりをもたらすわけではないのだが、国際協力による国際機関のネットワークがますます高密度になったことは人類に平和の果実をもたらした。一八七四年に万国郵便連合（ＵＰＵ）がつくられて以来、さまざまな国際機関がつぎつぎと誕生した。ＵＰＵや、国際民間航空機構（ＩＣＡＯ）、国際海事機関（IMO）のように、国際協力によって参加各国が共通の便宜を図れる機関もあれば、各国が自国の国益から離れて、人道的な動機にもとづいて開発途上国への援助を行なう国連開発計画（UNDP）や、主として途上国の子供を守る国連児童基金（UNICEF）、日本の緒方貞子が一〇年も高等弁務官を務めた国連難民高等弁務官事務所（UNHCR）のような、いわゆる人類のために働く機関もある。

他には、紛争が戦争になりえないような仕組みを作る使命を負っている国連の安保理事会、国家間の領土紛争の問題を解決する国際司法裁判所（ICJ）、世界貿易機関（WTO）のように貿易問題の審判役として判例を重ね、なるべく平和的な法秩序を世界につくる使命をもつ機関もある。

「自国の国益から離れて」と書いたが、これら国際機関が誕生するときに、大国の国益にかなうように制度が設計された例も少なくない。およそ一〇〇年前に国際労働機構（ILO）の前身となる組織ができあがったとき、世界の労働者の福祉を図ることを目的として掲げても、当時、先進工業国であった北欧の自国利益と無関係ではなかった。後進国であったイタリアの低賃金の繊維工場が、北欧の高賃金のそれと競争して、シェアをどんどん奪っていたからだ。そして、一九四五年に誕生した国連および安保理事会は、その構成・機能が明らかに大戦の戦勝国による支配の永遠化を目的としていた。

たしかに、大国を利するように国際機関がつくられている点は否めない。しかしながら、そうした欠点があったとしても、それを補ってあまりある恩寵を「世界社会」にもたらしたことも事実である。

有史以前にも人類には協力の本能がそなわっていただろうが、人類が文字の記録を残すようになってから数千年の歴史を通じて、相互防衛と相互支援をも伴う、組織的、思想的、政治的な蓄積によって、ホンモノの「世界社会」の土台を築いてきた。

現在は、社会学がジェンダー論とか脱構築論とかネットワーク理論などなどわけの分からない問題に専念する学問となっているが、この学問領域が生まれた一九世紀の後半においては、「社会学者」の先駆者であったインテリや思想家にとって、「人類進歩論」は主要なテーマのひとつだった。

「進歩」という言葉は、「変化」とちがって「よい方向へ」という価値判断が伴う。だが、一九世紀の思想家の主要なテーマは、「歴史的に考えてみて、はたして人類は進歩への志向性を本質的にもっているのだろうか」を問うことであった。今でも、簡単に「イエス」とも「ノー」ともいえない問いかけである。

人類の進歩への歩みは、単線的とはとてもいえない。そのことは、数千万人の命を奪った二〇世紀の二つの大戦争が端的に示している。ハーバード大学のピンカー（Steven

Pinker)[5] は、それでも、数千年前の種族間の戦争と最近の国家間の戦争を比べてみれば、死者・参加者率は、昔のほうが九倍も高かったと推計している。人性は善悪が混合するが、善が少しずつ勝っている。結局、「歴史とは進歩の歴史である」と考えるのか、あるいは「歴史とは変化の歴史である」と考えるのか、どちらの立場を取るのかは、論者が素質的に楽観主義者であるか悲観主義者であるかの違いによるのだろう。

古臭いかもしれないが、私は依然としてこの問いが大課題であると思い、素質的に楽観主義者のほうだから、条件付きの「進歩派」である。ネットワークの密度がだんだん高くなってきた国際関係ネットワークの諸機関は、ときどき悲劇的な対立を生みながらも、費用と収益を天秤にかけると、だいたいどの機関をとっても、収益のほうが大きいように思える。

†例外——核兵器のコントロール

ひとつだけ、重要な例外がある。すなわち、一九六三年の安保理事会の決議によって提案され、一九七〇年にいよいよ批准、発行された核拡散防止条約にもとづいて、ウィーンの国際原子力機関および国連の安保理事会がつくった「核不拡散体制」である。

発足当初は、核不拡散体制も人類の進歩に貢献すると思われる理由は十分にあった。しかし、今はもう修理ができないほど故障していて、平和維持の手段というよりも、大戦争を引き起こす火種である可能性が高い。なぜそうなったのか、どう修正すればいいのか、これらの点については第七章以下で説明するのだが、この本の主要な主張は、日本こそが率先して、核不拡散体制に代わる核兵器管理体制の構築を推進したらどうか、という提案である。

†安全保障、プライド回復、国際貢献——一石三鳥の「日本の好機」

まず、次章では、日本の政界・メディアが前提としている、日本を取り巻く国際環境の認識について論じる。日本は、国際環境が発展していくという想定・期待をもっているが、それは甘いというか、自己欺瞞に満ちているというか、ともかく中国の台頭と米国の衰退を読み違えていることを指摘する。厳しい現実をもう少し熟慮すれば、米国への従属的依存は、永遠に有利な選択肢ではありえないことが理解できるだろう。

また、イラン・イスラエル・米国の発火点だらけの三国関係を視野にいれれば、中東において、イラク、アフガニスタンに次ぐ第三の大きな紛争がおきる可能性がきわめて高いことも想像できる。緊迫する中東情勢を考慮したうえで、現在の核不拡散体制に代わる新しい核兵器管理体制を提唱するとすれば、つぎのような効果があるだろう。

① 米国との軍事的な密着を徐々に解消する第一歩となり、日本領土の安全保障の確実性を自力で確保できること。
② 日本の国際的名声および外交力が上がること。
③「人類の進歩」にも積極的に貢献できること。

第一次世界大戦中、米国の政治経済学者・社会学者であるソースタイン・ヴェブレン（Thorstein Veblen 一八五七―一九二九）が、"The Opportunity of Japan"（日本の好機、一九一五年）という面白い「未来学的」な小論を書いた。なぜ「好機」かといえば、当時、まともな大国なら当然掲げる政策目標とされていた「帝国建設」をなし遂げる「機会」を日本は手に握っていたからだ。

なぜ日本にとって特別な好機だったかといえば、当時の日本は戦争する技術も、国家の統治制度も世界的高水準にまで〈近代化〉されていたのと同時に、封建時代の滅私奉公的な〈忠誠〉を失うほどには、思想的にも心理的にも近代化されていなかったからである。つまり、向上する戦争技術力の上昇線と、弱体化していく団結・愛国心の下降線との最適な交差点にあると述べたのである。

もしもヴェブレンが生きていたなら、今の中国について同様な判断をするかもしれない。ただ、彼が『日本の好機』を発表した一九一五年とは、現在の世界環境は大いに違う。インターネット時代の現代においては人も思想も国境をたやすく越えるので、サイバー統制技術がいちばん進んでいる中国であっても、国民の国家への忠誠心が蚕食《さんしょく》される可能性がはるかに大きい。

また、国威発揚の次元での「勃興」の意味も変わってきた。当時は、一九世紀のように、「国家の勃興」イコール国土を拡大し、植民地を取得して大帝国になることだった。現代では、ハード・パワーとソフト・パワーの両方のパワーを用いて、制御しやすい衛星国的な同盟国をつくることが、覇権国が備えるべき条件となった。「軍事問題」という言葉を「安全問題」と穏健に言い換えるようになった。国際競争の主戦場は、世界のメディアの場に移り、大国としての力を査定するバロメーターは、先に述べた国際機関ネットワークの決定過程における影響力となった。

「覇権国」とは米国という一国を端的にさす言葉だが、「覇権」は相対的な概念である。地震の規模を測るリヒター・スケールにならって、国力を測る「マキャヴェリ・スケール」が考えられる。米国の権力・権威を一〇〇とすれば、四〇、六〇、七〇程度の国もあり、そのランキングを高めることは、各国の指導者にとっても世論にとっても、主要目標となった。

日本もまさにそうである。ヴェブレンの言う「好機」を摑んで、末法的に失敗した国。「軍隊をいっさい持たない」という憲法を押しつけられたままでいる国（不自然な憲法解釈に頼って、ドイツよりも大きい、世界第六番目の軍事予算を支出しているにもかかわらず！）。一時は「奇跡の成長」をはたした国として知られたが、今は冒頭の野田総理の言葉に戻ると、「失われた」一〇年にさらに一〇年をくわえて、世界経済停滞時代の草分け的なモデルとして知られる国となった。

元外交官の友人が私にこう言った。「最近、どうも世界における日本の存在感がだんだん薄くなってきたね。悲しいことだが」。

中国にとっては、「覇権国になる」という国家目標は魅力的に映るかもしれないが、日本はそういう野心を持つことにはもう懲りただろう。しかし、先述した「一石三鳥」たりえる三つの国家目標は、現在の日本人にわりにアピールするのではないかと思う。

日本外交の目標をいかに再設定するべきか。そのことを語る前に、将来において自国を取り巻く国際環境がどう変転するか、その可能性の相対的確率を検証することをまず立論の出発点としなければならない。以下、次章から第六章で述べることは、アジア、西太平洋における状況変化の想定である。想定したシナリオどおりに現実が変わるのか、その相対的確率については、読者の判断に任せたい。

米中冷戦の明白化

中学二年によく起こる現象は「豪傑の腕比べ」である。たとえば、気がつよい二人の男の子が、自分が冗談を言ったときにへつらって笑う子分の数を競う、先生に生意気なことをあえて言う、運動場で力を見せびらかすなど、いろいろな次元で腕比べをして、ボスの位置を争う。

国連などの国際機関において、また、太平洋の海上において、中国と米国の関係がそうした「腕比べ」に似た状態になってきた。本書を書いている二〇一二年五月一日に、クリントン国務長官率いる米国代表団が、北京に飛んで懸案解決を図るのだが、その効果は米中の友好関係をつくるよりも、二国間の対立を明確にしたことのほうがより大きいようである。最近の会合はますますそのような性格を帯びてきた。

†相違・対立・違和感の諸次元

まず、米ソ冷戦のときと同様に、米中のあいだにはイデオロギーの対立がある。「人権」と「自由」ほど、政治的マジックを帯びた言葉は少ない。英国から独立した歴史をもつおかげで、米国は「人権」と「自由」を国是としうる。その米国にとってこの二つのマジック・ワードは、「人権不在」の中国を非難するには、もってこいのスローガンである。軍事的・経済的な理由で、あるいは本能的に東洋人・中国人が嫌いだという理由で、中国に対して文化的な違和感を強く感ずる米国人は少なくない。その種の米国人にとって、「人権」という言葉は、中国脅威論を裏づけて中国をたたく「こん棒」としてはもってこいのスローガンである（もっとも、アムネスティ協会のように、世界中で（グアンタナモ湾の米刑務所に一〇年間も裁判されずに収監される囚人も含めて）人権蹂躙を追及することが組織の「主義」としてビルトインされている団体の場合、スローガン以上の非難である）。

ときどき、「人権」「自由」を普遍的な価値として語る米国のレトリックを中国人が真に受けて、二〇一二年五月の中国の体制批判活動家陳光誠が米国大使館に亡命した事件のようなことがおこる。陳氏が盲目であったこと、時期が米中の北京会談の二、三日前であった事情も手伝ってたちまち大事件となり、両政府の頭痛の種となった。中国では反米世論、米国では反中世論を刺激したのである。

政治・レトリック面はさておき、かたや経済面となると、対立の構造は二面的である。対立の一面は「市場原理主義（米国）」対「国家主導の資本主義（中国）」というイデオロギーの対立として描けるが、もう半面は経済利益の対立として描くことができる。たとえば、貿易政策、中国資本の世界的投資体制、人民元の為替レート、輸入規制、私的所有権の保護、電子盗聴、ハッキングなどなど、摩擦の種は尽きない。

このように、米中のあいだには、思想的、価値的、経済的な衝突が存在する。こうした対立はたしかに深刻ではあるのだが、米ソ冷戦と同様に、米中冷戦においても最も重要なのは、軍事的な「腕比べ」である。

†米国の戦略的ライバル——想定敵国

中国が米国の仮想敵国ナンバー・ワンとして正式に認定されたのは、二〇〇〇年であった。その年の法律によって、米国国防省が、上下両院の国会に対して、中国の軍事力について特別報告を毎年することが定められた。[6] その範囲は、最近の法律での再定義によると、こうである。

極秘文書の形にも、公開文書の形にも、中国の軍事・安保問題の最近の状況について報告書を出すべし。その報告書では現在見られる、および来る二〇年間を視野に入れて、将来見られそうな、発展を記述すべし。とくに①中国軍の軍事技術的発展、および②中国の安保戦略・軍事戦略の基本原理、およびその原理の予想できる進化、③およびその発展を支える、軍事組織の再編および作戦概念の進展について。

†海南島事件

こうした米国の警戒的な関心が大きな事件を起こしたのは、二〇〇一年の四月だった。前々から米国の「スパイ飛行機」(遠距離電子盗聴器を積んだ軍用偵察機)が中国の沿岸(領海の境界線、海岸からおよそ七五キロ)を飛行するのが当然の活動として横行していた。考えてもみてほしい。米国の西海岸に中国の軍用機が接近したら、どんな大騒ぎになるだろう。中国空軍の幹部たちはそうとうな鬱憤を募らせていたであろうことは想像に難くない。

ともかく、事の発端はどうだったのかは知らないが、その米軍機を懲らしめようとした中国の戦闘機が、ハンドルを切り損なって、海南島沖の南シナ海で空中衝突をした。中国戦闘機のパイロットが死に、二四人の乗組員を乗せた米軍機は、つつがなく海南島に非常時着陸した。

この事件のため、米中関係はそうとうな緊張状況となった。北京で反米デモが絶えなかった。米国のある国会下院議員が、中国側の「謝罪要求」はとんでもなく生意気だと批判した。結局は一〇日経って、在中米国大使が中国外務大臣へ送った書簡（米国の見解では、操縦士の死と予告なしの着陸に対する「遺憾の表明」にすぎない文書、中国側にいわせれば「謝罪」であった文書）が発表されたら、米軍の乗組員は全員が釈放された。数カ月後に、完全解体された（もちろん徹底的に電子機器などが研究された）飛行機も米国に返された。

事件当時、欧米メディアでしきりに言われていたのは、米国に比べて雲泥の差がある軍事力を意識して、中国がかなり慎重に行動したということであった。[7]

†二〇〇二年の戦略教書

二〇〇一年九月一一日の同時多発テロ事件は、なんといっても時代を分かつ大事件であった。もともと、クリントン政権に比べて、ブッシュ政権の外交姿勢は一方的な単独主義であった。つまり、国際協力より米国の圧倒的国力を利用して、米国一国の国益を一方的に追求する政策に傾斜していた。そのブッシュ政権が、9・11事件後に「対テロ戦争」をスローガンとして、以前にもまして「覇権国」のパワーをふりかざす外交を推進した。その典型的な表明は二〇〇二年、九月一七日大統領官邸発表の「国家安全戦略」という教書だった。[8]

二〇世紀の大葛藤は自由主義対全体主義であった。自由主義の大勝利に終わったその大葛藤は、国家的繁栄を持続的に保障できるモデルとして、ただひとつが残る結果となった。すなわち、自由、民主主義、自由競争のモデルである。

この凱旋的なせりふで始まるその教書で、普通いちばん注目されているのは、（先年のアフガニスタン攻撃を念頭において）場合によっては、米軍の「先制攻撃」も妥当であることを基本原理として認めたくだりである。しかし、おそらく東アジアでより反響が大きかったのは、対中国の「永久覇権国」の姿勢をはっきりさせた、最後の方の文章であった。

挑戦がありえないほど、われわれの軍事的防衛を完備しなければならない……軍事の次元で我々と競争する国がいないようにしなければならない。我々の軍隊の強力さに鑑みて、我々と同程度の、あるいは我々を追い越す程度の軍事力を持とうと、軍備増強の夢を、我々の敵となりうる国が、当然打ち捨てるようにしなければならない。

教書が発表された時期は、中国の宇宙当局が、月面上陸計画を発表したことが話題となっていた時だった。一九五七年、米国に先んじて、ソ連がはじめて人工衛星「スプートニク」の打ち上げに成功したことによって、米ソの軍備競争が大いに加速したことを思い出す人は少なくなかった。

†日中関係と米中関係の絡み合い

小泉政権時代、メディアの関心事からいえば、日本においても中国においても日中関係の溝を深めたのは、総理による毎年の靖国参拝だった。だが同時に、北京や上海でデモをした中国人は別として、中国のエリートにとって気に食わなかったのは、冷戦気味になりつつあった米国の対中戦略に歩調を合わせて、日米の軍事協力がますます緊密になってきたことである。

二〇〇二年一二月二八日に閣議決定となった「二一世紀日本の外交戦略の基本」において、そうした兆候はすでに暗示されていた。だが、より明白になったのは二〇〇四年の防衛白書においてだった。

まず、米国のミサイル防衛システム（中国にとって、米国が対中ファーストストライク

〔first strike〕能力、つまり中国の報復能力を破壊する能力を目指しているシステム）の開発に全面協力を誓った。

そして、中国の軍事近代化計画、軍事予算の拡大化などを、日本にとっては「注意を必要とする」現象と規定した。この点については、それまでは中国を配慮して慎重な言葉を使ってきたのだが、その姿勢を一変して、「中国脅威論」とまでは書かなかったが、中国を刺激する表現を避ける配慮がなくなった。

日本政府のこの発表をうけて、中国の人民日報の見出しは「日防衛廳報告：夸大中國威脅鼓吹台加強反導建設」、つまり台湾の軍事強力化を奨励して、台湾と反動的同盟関係を作る、また防衛重点転移、日本欲図「大国夢」——と規定した。

小泉に代わった安倍総理は、予想に反して靖国参拝をやめて、総理としてはじめての外遊先を北京訪問としたことで、小泉政権のときに靖国問題で途絶えていた中日関係が少し復活した。翌年、福田総理が中国訪問をしたときには、さらに温まったようであった。孔子の生まれ故郷に出かけて、論語の「温故知新」をもじって、「温故創新」とうまい字の横断幕を書いた。そして、懸案の領土問題については、大陸棚論をとる中国と二〇〇海里経済圏論を主張する日本とのあいだには見解の相違が横たわり、争いの種となっていたが、海底油田の共同開発を進めるという合意に達した。

ところが最後の自民党総理の麻生氏となったら、日中関係がまたいちだんと冷えきった。麻生総理は、「中国勃興の脅威」という敵対的な用語をしばしば使い、福田総理が推進した石油共同開発の交渉を打ち切った。

鳩山政権に代わってからは、尖閣諸島をめぐる事件が勃発し、中国が予想以上に敵対的な反発を見せた。それ以来、小沢一郎が一〇〇人の子分を率いて中国を訪問しても、日中関係はあまり友好的とはいえないままだ。とくに、鳩山政権が種をまいた普天間基地をめぐる米国との喧嘩の仲直りをするために、野田総理が二〇一二年四月にオバマ参りをして、そのときの声明および、より具体的な日米「2＋2」会談（日米安全保障協議委員会）の声明によって、第三章で述べるように、軍事同盟をより密接なものに深めた。

日本のメディアも、政界の傾斜に歩調を合わせて、ますます親米憎中となった。世論調査の結果にはそれがはっきりとあらわれるようになった。毎年行なわれる調査のひとつに、「中国に親しみを感じるか、感じないか」と聞くのがある、一九八〇年には、「感じない」という回答は一八％だった。だが、二〇〇三年には四八％。二〇一〇年は七八％。[9]

つまり、最近まで、日中関係が米中関係と絡み合っているというよりも、もはや日中関係が日米関係によって決定・支配されていた。ところが二〇一〇年に尖閣周辺で中国漁船が日本の巡視船にぶつかる事件が相次いで、二〇一二年秋に石原都知事の浅薄なつよがりをきっかけとして両国が領土権を主張するようになり、「親米憎中」の憎中が一人歩き――いや一人走り――するようになった。

†二〇一〇年オバマ大統領が積極的「巻き返し」政策に転ずる

こうして、毎年発表されるペンタゴンの『中国報告』が、中国の軍事予算の不透明さを訴え、中国が果たして「国際海路の自由」を守る意図があるかどうかを疑い、「我々には東アジアの平和を守る能力も意思も十分あるのに、なぜ中国は軍備を急いで強力にする必要があるのか?」といわんばかりのトーンで書かれていた。とくに二〇〇三年から二〇〇九年の間は、米政府・ペンタゴンの主要な関心はもちろん東洋ではなく、アフガニスタン、イラクの両戦争およびイランに対する準戦争に移っていた。その間、米国にとっても中国の「勃興」は喜ぶべき出来事で、米中関係にはいくつかの摩擦の要因もあるのだが、経済的にも、外交的にも、軍事的にもおおむね友好な関係を保持できるというのが表向きの「建て前」であった。

†「ホンネ」は、二〇一一年の九月に「ウィキリークス」に公表されたいくつかの外交電報で語られていた。たとえば、二〇〇九年のかなり長いある報告電報によると、ペンタゴンおよび人民解放軍の会談のとき中国側の首席代表であった馬暁天大将が、一時間で終わる

予定だった会談を三〇分も延長させて、米国を攻撃した。彼が批判した論点は、米国による台湾への武器の売却、中国が設定した排他的経済海域内への米軍機の侵入であった。

また馬大将は、いわゆる米国のミサイル防衛システムは、名ばかりの「防衛」であることを主張した（衛星を落とす目的にも使えるから）。そして、一般的に米国の核兵器管理制度は不十分であると非難したのである。[10]

†「リバランシング」――新防衛策の重点

この間、その程度の言い合いを米中が続けてはいたが、新聞の見出しになるような対立事件はあまりなかった。ところが、二〇一〇年になると、オバマ政権・米国務省および国防省の関心の焦点が東アジアに移った。さほど面目を失わずにアフガニスタンから撤退できる可能性がいよいよ視野に入ったこと、そして、中国の長期的な「勃興」が終わりそうもないことなどの要因が重なって、米国の太平洋戦略が変わったのである。もちろん米国のＮＳＣ（国家安全保障会議）など外交戦略の討議機関は徐々にその方に傾いていたのだろうが、偶然（？）にも立て続けに起こった事件が、米国の戦略転換を明らかに促した。主要な出来事を列記するとつぎのとおりだ。

二〇一〇年三月一七日

以前から韓国と北朝鮮のあいだでは、三八度線の延長線を東シナ海（黄海）の島の間にどう描くかについて、ときどき紛争が燃え上がることがあった。その海域で、韓国軍が米韓共同演習をしていたときに、韓国のコルベット艦「天安」が沈没して死者四六人をだすという事件が生じた。船が二つに割れたのは爆発の勢いだといわれていた。

二〇一〇年五月二六日

この事件の原因を調べた、米国、カナダ、英国、スウェーデンの無名の専門家を加えた、韓国海軍の審査調査会はつぎのように結論づける発表を行なった。

韓国軍船「天安」の沈没は、北朝鮮製の水雷による、船外水中爆発の結果であった。証拠を全部見ると、結論はひとつしかありえない。水雷は北朝鮮の潜水艦が発したものであった。

この報告を受けた韓日米は、たちまち北朝鮮をならず者国家として非難する声明を出し、安保理事会に訴える意図を表明した。オバマ大統領が「北朝鮮が戦闘的行動を取ったことは、国際共同体にとって許されない行動である。このことを安保理事会に明確に理解させなければならない」との談話を発表した。

ところが、調査会報告は説得力に欠けているという非難もあった[11]。

その疑いを裏づける分析（とくに調査会自体の叙述を使って）が中国からも発表された。批判者のもっぱらの仮説は、こうであった。

沈没の実際の原因が何であろうが、当時米国の主要な関心は、日本の新しい民主党政府が沖縄の普天間基地を閉鎖しようとする動きに対抗するところにあった。日本の野党と結託して、北朝鮮がいかに危険な国であり、日本人がいかに普天間の米海兵隊に守ってもらう必要があるかを日本の世論にアピールするのに、軍艦沈没事件を最大利用しようとしていた。近くに専門潜水夫十人を乗せた米軍艦がいたので、米国自体が沈没させたという――まさか穿ちすぎだろう――説もあった[12]。

そして韓国自身でも、前大統領の「太陽政策」を捨てて、対朝強硬・米国密着の政策を取った李明博大統領に対抗する野党からも批判が出た。その野党に推薦されるかたちで、一時調査会の造船専門のメンバーであり、途中で調査会を辞めさせられた専門委員シン・

サンチュルが驚くべき発表をした。調査の結果、溺死した人たちの人体にも、現場の海底の魚にも爆発の形跡はみとめられなかったので、軍艦「天安」は暗礁に乗っただけだ、と主張して世界の世論を騒がせた。[13]

†舞台が変わる――安保理事会

二〇一〇年六月八日

韓国が安保理事会に、北朝鮮を提訴し、韓朝両国が非公開会議で、相反する事件の分析を述べた。中国とロシアははじめから終わりまで黙っていた。日本の高須幸雄大使が、調査会が提出した北朝鮮犯人説の結論を「科学的、技術的で、説得力充分」だと肯定し、安保理事会は厳しい態度を取るべきだと主張した。[14]

二〇一〇年七月九日

安保理事会を一〇分間開いて、議長であったナイジェリア大使が、以下のような声明を読み上げた。

「二〇一〇年三月二六日、韓国軍艦「天安」の沈没、乗組員四六人の溺死をきたした攻撃を遺憾とする。」

「かかる事件は地域および地域を越えての安全保障を脅かすことを安保理事会が認める。」

「安保理事会は人命損失／傷害の被害者やその家族、および韓国の市民や政府に対して、深い愁傷の意を表明するとともに、加害者に対して妥当な、そして平和的な、処置をするよう呼びかける。そのようにして国連憲章および関連する国際法に沿って、事件の平和的解決をもたらすべきである。」

「韓国のほか五ヵ国が参加した共同調査会の「責任は北朝鮮にある」という結論に鑑みて、安保理事会は深い関心を表明する。」

「安保理事会はその他の関係国からの意見表明にも注意を払う。なかんずく、「北朝鮮はこの事件とまったく無関係である」という北朝鮮の主張にも。[15]」


この審査会の五月の報告書は、結論部だけを韓国が安保理事会に提出し、報告書の本体は公開されなかった。ところが、絶えない要求の挙句、九月に修正された形で、その報告書が発表された。[16]それを細かく分析したカナダの研究者が、全く説得力がないとの結論に達した。

†航空母艦「ワシントン」の出没

二〇一〇年七月二四日

米韓日は、安保理事会に北朝鮮を弾劾する決議案を出すよう求めていた。しかし、中ロの努力の結果（ロシアは自国の調査団も沈没場所に送った）、安保理事会の最終声明は前述のような、あいまいな内容となった。韓国は、近く開かれるべきだったASEAN会議においても、安保理事会に訴えたのと同様な、北朝鮮を弾劾する決議案を通そうと計画していたのに、安保理事会の最終声明に失望して、断念した。[17]

ところが、安保理事会弾劾決議の挫折の結果として、もっと重要な事件が展開された。北朝鮮に対して、安保理事会の支援を受けて、「こらッ」という計画だった米軍が、海軍演習をめぐって失策をおかしたのである。以上、以下に引用した「Asia Times」の記事の題は「米国がペダルを逆に踏み、韓国はショック状態」というものだった。この記事はこう続く。

もともとの意図は、国連の決議を土台にして、北朝鮮に対して米韓が圧倒的な決意、圧倒的な勢力をもっていることを示すべく、黄海における大々的な海軍共同演習を演ずることであった。ところが結局は困った失敗になった。

最初の計画によると、脅迫的存在であった航空母艦「ワシントン」を中心に大艦隊が黄海に入るはずだった。ところが、中国政府からの「黄海は中国の内海である」という非難表明や、中国における反米デモなどの影響をうけた結果、計画は徐々に修正された。演習の場所がズルズル東側に漂流したのである。最初は朝鮮半島の真南、つぎは半島の東側の日本海。最も直近の発表によると、演習は二つに分けるという。航空母艦「ワシントン」プラス駆逐艦三艘が日本海で演習する。黄海にはより小さな艦隊……。

たった二週間前だったら考えられない状態となった。米韓日の脅迫的共同攻勢に直面した時、中国は困っていたのだが、米国のこのような醜態のおかげで、期待していなかった大きなプレゼントをもらった。[18]

二〇一〇年七月一七日

「ウォール・ストリート・ジャーナル」紙が、前述の事態を報道してこうコメントした。

ある専門家によると、航空母艦「ワシントン」を黄海に送らないという決定のおかげで、今までのように米海軍が中国近辺の海域で自由に行動することが困難になる。考えられるあらゆる配備が、二国間交渉を起こす可能性がある。ワシントンのCSIS（戦略国際研究所）の支部団体であるハワイの太平洋フォーラム会長・ラルフ・コッサ（Ralph Cossa）によると、「ワシントン」が少なくとも、韓国の西海岸にある仁川に寄港するべきだった。「悪い前例をつくっている。中国がこうして「核心的国益」の定義をだんだんと拡大して、黄海に入ろうとするたびに、難しい問題を起こしそうだ」といった。[19]

†「巻き返し宣言」第一発

二〇一〇年七月二三日

航空母艦「ワシントン」が黄海内に入らないことが分かったら、北京では鬨《とき》の声を上げる世論が多く、一方、米国のワシントンでは赤面する者が軍人やオバマ周辺の側近に多かった。二、三日したら、クリントン国務長官が七月二三日にハノイで開かれるASEANの安全保障会議に出席すると発表された。

クリントン長官のそこでの演説について、「ニューヨーク・タイムズ」紙がこう報道した。

中国との新しい摩擦を起こしそうな問題を提起し、オバマ政権が、戦略的にも重要性をもつ南シナ海の島々（Spratly 群島、Paracel 群島）をめぐって、中国と小さな隣国との間に横たわる複雑きわまる紛争に踏み込む意図を明らかにした。

ベトナムにおけるアジア地域安全保障会議で、クリントン国務長官が、その島の所有権をめぐって対立する領土問題については、米国はあくまで中立であるが、その地域の海路の自由には、米国の利益も深くかかわるのであって、紛争の解決策を探す多国的会談を推進する用意がある。

緊張感の解消を目的とする提案のようではあるが、実際は中国への厳しい叱責である。中国は前々から、それら南シナ海の島々が中国の領土であり、領有権をめぐって他国と衝突すれば、中国自身が二国間の交渉で解決を求める。国際情勢解説者の田中宇によれば、領土問題を二国間交渉で解決するという方針は、二〇〇二年に交わされたＡＳＥＡＮと中国の正式な合意による方針である。[20] 今年の三月にも、中国の高官が、米国との会談において、「南シナ海は中国の主権の中核に入るので、南シナ海への米国の介入を中国は許さない」と警告した。

中国がすべての領土問題を二国間交渉で解決するという線と、クリントン長官が提案する（米国も参加する）大規模な多国間会議による問題解決の線との葛藤はますます深まり、緊張感をかもし出す要因になっているようである。とくに、フィリピンと中国のあいだでは、一カ月の睨み合いが演じられた二〇一二年の初夏以来そうである。

また、二〇一二年七月一五日カンボジアのプノンペンで行なわれたASEAN外相会議と地域フォーラム（ASEAN＋日中韓米豪新印露）は、四五年間のASEANの歴史ではじめて、最終声明を採択できずに閉会した。南沙群島の領土問題をめぐって、クリントンが提唱した多国間会議方式に強くこだわったフィリピン・ベトナムと、この提案を盛り込む声明に強硬に反対した中国とが対立し、議長国であるカンボジアは中国側に立ち、折り合いをつける声明を見つけることができなかった。フィリピンなどは、ASEAN会議の声明にも中国を非難する文章を入れようとし、そのうえ領土問題の解決方法を二国間交渉からクリントンが提案したASEAN全体の集団的交渉にしようとしている。

†ミサイル競争が表面化

二〇一一年の夏になると、多くのメディアが、中国の新しいミサイル開発のニュースを最大ニュースとして扱う。ニュースが報じたところでは、新型ミサイルは航空母艦を一発で沈没させることができるという話であった。ミサイル防衛システムが防衛できないものだとされ、その反響はかなり大きかった。一例として、米国クリーヴランドの新聞の記事が挙げられる。一五〇〇キロ離れた航空母艦を正確に沈没させる能力をもつ「東風21D」についての記事に、「中国の航空母艦殺しのミサイルが、米国の太平洋支配に終止符を打つ可能性[21]」というタイトルをつけた。

攻撃に使える武器と防衛に使える武器との区別が熱心に論じられることもある（たとえば、これを書いている今日、シリアへの武器供給をめぐって同じような議論が交わされている）。往々にして、形而上学的な区別である。ともかく、米中両国の武器開発の努力は、米中冷戦が熱戦になったら、役に立ちそうな武器の開発に集中している。

しかし、二〇一二年の出来事で明らかなように、ひとつの例外がある。戦争に発展するおそれのない領土問題や漁業権の問題において、有効に機能する監視船などを量的かつ質的に改善する競争である。中国側の介入体制は複雑怪奇である。領海での安全保障を担う組織機関はいくつか存在し、たとえば公安部の「海警」、海事局の「海巡」、漁政局の「漁政」、国家海洋局の「海監」などなど、どれほど縦割り行政なのか、はたして総合的なコントロールが可能なのかは不明だが、とにかく中国は「東シナ海・南シナ海における海洋関連機関……の活動が活発で、他国の海上活動に対する妨害、威嚇などを行ってきた[22]」。

ある報道によると、中国が、新しいA－022型船を一〇〇艘も建造する計画だそうだ。「二二五トンで、推定最高速度三六ノット以上、射程二〇〇キロ以上のYJ－83型対船ミサイルを整備して、明らかに攻撃用の船である」[23]。これに応じて、米国もステルス巡視船を大量に建設し、より大きい沿海域戦闘艦をつくっている。後者の四艘がシンガポールを基地とする契約をシンガポール政府と二〇一二年の夏に締結した。

そして、以上述べたように、日米2＋2会議で、日本が東南アジア諸国に、海外援助として巡視船を授与することもその対策の一環である。

†結局はどのような利害をめぐる競争なのか？――冷戦の本質は何か？

答えは、「本質はない。いくつかの次元の利害の重なりだ」と言うべきだろう。しかしそのいくつかの次元のなかで、中核的であるか周辺的であるかの違いはあろう。

魚には米国人はあまり興味を示さないだろうが、中国や、中国の隣国にとっては、魚はかなり関心の強いテーマである。二〇一二年の夏、フィリピンの海岸から一三〇キロ離れた黄岩島（Scarborough Shoal）附近の海域で、一ヵ月以上、フィリピン・中国の巡視船・漁船が、多いときには一〇〇艘も、にらみ合っていたことがその証拠である。事の発端はこうであったらしい[24]。事件以前は、この海域では両国の漁船がともに漁をいとなんでいた

（尖閣海域で、中国漁船の船長が酔っ払ったのか、癪だったのか、日本の巡視船に体当たりするまで、中国の漁船と日本の漁船が共存していたように）。フィリピンの漁師が一週間の出漁で三トンくらいの魚を網に捕えたのに対し、中国の漁師はフィリピンの船より大きく能率的な漁船でより長い期間をかけて、二五トンほどの魚を獲った。

どの国の領海であるかは、中国が元時代に中国人が発見したという歴史事実および一八九八年のパリ条約に基づいた論法、フィリピンが「本州から二〇〇キロ以内」の排他的経済権を主張する論法を採用するかによって異なる。どの論法を正当とするかという論争は依然として平行線をたどっているのだが、フィリピンの国内法では種別の漁獲量の規制などを敷いていた。最近は、乱獲のために漁獲量が減ってきて、中国の漁師が中国の海岸から四八〇キロも離れたところへ出かけて漁をしていたところ、遠洋漁業の費用と収益が折り合わないので、漁師は中国政府から補助金をもらっていた。二〇一二年の四月に、中国の漁船は禁じられた魚種も獲っているという咎で、巡視船ではなくフィリピンの軍艦が現れた。フィリピンによれば、軍艦がたまたま巡視船より近くにいたという理由だったそうだが、中国に言わせれば「軍艦が来るのはもってのほか。好戦的だ」として、数十艘もの巡視船を送った。にらみ合いがついに終結したのは、台風の季節が来た時だった。

米国は、次章で述べるように、国連海洋法による領海境界線の問題を慎重に取り扱っている。それもそのはずである。米国議会は依然として海洋法条約にサインすることを断っているからだ。

漁業資源の争奪はたしかに周辺国に争いの種をまくが、中国の核心的利益を損なうものではなかろう。中国が漁船に補助金を給付している本当の理由は、その海域に石油・ガス資源が埋蔵している可能性を考えて、中国の主権を「暖める」ことにあるのだろう。南シナ海に眠る石油資源の確認可採埋蔵量は七七億バレルと推計されている。確かに有用な資源だが、世界全体で確認されている可採埋蔵量の〇・六％に過ぎないので、石油の自由市場がある限り、戦争をしてまで獲得すべき価値あるものではないだろう。海底にあるかもしれない、ガスおよびその他の鉱物についても同じことがいえるだろう。

クリントン国務長官のハノイ演説で、米国の関心として強調したのは、海路・海運の安全・自由であった。米国の「リバランシング」を分析した識者によると、東太平洋・インド洋の米国の海外貿易の一二億ドル分が毎年南シナ海を通過するそうだ。「両大陸間の貿易が世界全体の九割で、そのなかで、重量でほとんど半分、価格でほとんど三分の一が南シナ海を通る[25]」。

しかし、戦争になるときは別として、いくら米中関係が冷え込んで「冷戦」になったとしても、中国が海路の自由を妨げる動機は考えにくい。海賊の基地となるソマリアのような国ではあるまいし、たとえ、南シナ海が内海であると主張しても、軍艦以外の貨物船や客船が航行する自由を保つのは、中国にとって利はあっても害は少ないだろう。瀬戸内海でロシアや韓国の民間船の航行を日本が許さないという話は聞いたことがないように。

中国が南シナ海に過剰な執着をみせる理由は、魚、石油、鉱物、海路のコントロールなど物質的な利害にもとづくというよりも、やはりいわば精神的・心理的な利害が核心にあるからだろう。つまり、中国の領土問題は、この章の冒頭で書いた男子の腕比べ、プライド、ナショナリズムが主要な要素である。

ただ、国際機関が重要な役割を演じるようにグローバル化された世界では、物質的利害と心理的利害をそう簡単には分けられない。軍事力というハード・パワーは、敬意、威信、影響力というソフト・パワーを生む（文明、国情、国家構造の公平性、他国への思いやりなどとともに）重要な要素である。非常任理事国一〇カ国も含む国連の安保理事会への影響力、国連総会の投票で、普段支持してくれる国の数も、心理的にも、物質的にも大事である。現在では、たいていの場合、米国側の同意や支持票を獲得できる説得力をもつ意見が、中国のそれを凌ぐだろう。米中の対立が国際社会の舞台で表面化したら、米国が勝つ確率は依然として高い。この構図を中国は逆転させることを目標にしているに違いない。そしてゆくゆくは、それができると信じている中国人もかなりいるようだ。

第三章「積極外交」による米国の同盟固め

前章でみたように、二〇〇〇年代から二〇一〇年にかけて、米中冷戦を固定化させるいくつかの出来事が生じた。二〇一〇年の秋には、ワシントンの「巻き返し」戦略がかなり本格化し、ヒラリー・クリントン国務長官がASEANの会議にまで足を伸ばして出席し、次のように米国の「積極外交」(forward diplomacy)の手ほどきをした。[26]

今度の旅行を前々から楽しみにしてきました。ハワイからグアムに、それからベトナムおよびカンボジア、マレーシア、パプア・ニューギニア、ニュージーランド、オーストラリア、サモア。アジアの多様性およびアジアのダイナミズムを象徴する旅程ではありませんか。オバマ大統領が二、三週間後に旅する旅程とマッチしていますし。彼はインド、インドネシア、日本、韓国を訪問する予定ですから。この二年間オバマ政権がアジア地域の国々と密度の濃い関係をつくってきました。我々の旅行が、今という、転換期のときに、この最重要地域の相当な部分をカバーします。そして訪問する先々の国と、協調して推進する唯一の目標・関心を共有しています。すなわち、アジア太平洋における米国のリーダーシップを充実し、維持するとともに、安全保障および経済的な繁栄を高め、我々の価値体系の布教に努めることです。

私の今回の旅行なども含めて、さまざまな措置をとって、我々はいわば「積極外交」を実行しています。というのは、行動主義的な姿勢をとり、我々の外交的資産をフルに利用して、最高級の役人を、開発問題専門家を、さまざまの緊急問題と取り組む専門家チームを、アジア太平洋のあらゆる地域に、あらゆる首都に、送りだしてきたからです。

同時に、共通な目的の推進のため、アジア地域の諸国際機関、我々の同盟国、パートナー国、そしてアジアの人民との関係を広げ、深めようと積極的に努力してきました。

米国のこの積極的な努力が二〇一〇年の夏から始まり、二〇一一年一一月までに一応完成したといっていいだろう。以下、国別の重要な契機を考察しよう。

†インド

第一〇章で説明するように、米国は、核不拡散条約を非常に重要視していると言うにもかかわらず、その条約の明白な違反となる、インドとの原子力協定を二国間で結んだ。中国は「包囲だ」と嘆いて抗議するより、インドと友好関係を深めて、インドの軍事的脅威を軽減するための方法をさがした。もし米中対立が軍事的衝突に発展したら、土壇場になって、インドが中国側につくようにする、あるいは中立的な立ち場をとってもらうようにというのが中国の戦略であるらしい。

二〇一二年五月にインドが、射程距離五〇〇〇キロ（上海まで届く）のミサイルのテストに成功したとき、インドの防衛研究開発機構のV・K・サラスァット（V. K Saraswat）が次のように自慢した。

このミサイル・テストのメッセージは明らかである。インドがこのようなミサイルを設計、開発、製造する能力を持っている。インドは今日ミサイル大国となった。

CNNによると、[27] このインド側の声明に対して、中国外務省の劉為民（Liu Weimin）報道官は、インドのミサイル・テストの成功を控えめに扱い、つぎのように述べたそうである。「中国とインドは、競争相手ではなくて、パートナーである。両国がいよいよ、努力して形成した健全な両国関係を失わず、友好関係および協力関係を強化することによって、地域の平和・安定に貢献するべきです」。

長期的には、米印同盟も、麻生総理が一所懸命だった「価値を共通にしている国の同盟」（米印日オーストラリア同盟〔いわゆるquad外交〕）も、中国を包囲することができるかどうかは非常に疑問だ。オーストラリアのピーター・ドライスデイル（Peter Drysdale）が、当時の状況を振り返って二〇一二年の夏にこう述懐している。

ひとつの要因に着目すると、経済関係によって、中印が疎遠になるどころか、より親密な関係が発展している。中国が、経済パートナーとして、インドにとってますます重要になってきている。中国がインドにとって最大の貿易相手になったのは二〇〇八年だった。今年の往復貿易総額は年間六〇〇億ドルに至った。両国のトップの話し合いで、それを二〇一五年までに一〇〇〇億ドルに上げるつもりである。[28]

一九九一年から米国軍の基地を全部引き上げさせたフィリピンは、一九九五年から中国とスプラトリー諸島をめぐる摩擦に直面する。米国は当時、冷淡な中立的態度を取ったが、「巻き返し」戦略に傾くと、南シナ海を「西フィリピン海」と正式に改名したフィリピンに急速に近寄るようになる。二〇一〇年六月に米国が大量の軍事用品の供給を約束する。[29] その協定を報道したマニラの新聞の記事はこのようなくだりで終わっている。その見出しは、意識的に挑発的なもので、「スプラトリー諸島（南沙群島）をめぐって発展する冷戦」と題されていた。

フィリピンはもう、否応なしに、スプラトリー諸島における米中の冷戦に関わっている。米国の同盟国として、米国側に立つようである。しかし、フィリピン政府には、その冷戦が熱い戦争となったとき、あえて代理戦争（proxy war）に参加する用意があるのか？　そのような状況になるのを、あらゆる主権国が協力して防止するよう努力しなければならない。

前章で見たように、二〇一二年の春に、より緊張した紛争が黄岩島付近で起きた。このとき、シンガポールでのシャングリ・ラ会議に出席したパネッタ米国防長官は、後に述べるように、フィリピンにエールを送ることを慎重に避けて、それまでのフィリピン支持をトーン・ダウンした。

†ベトナム

ベトナム戦争のしこりをなくそうと、クリントン政権が友好関係をより深めようと外交努力を始めてからは、両国の経済関係がますます密接になり、ベトナムにとって米国が最大の輸出市場となった。年度によっては、ベトナムへ投資される外国資本の主な部分を米国が占めるようになっている。

クリントン政権からブッシュ政権に代わると、ベトナムとの経済関係を土台として外交と軍事関係をより深める努力が始まり、オバマ政権になったら、その努力がさらに強力となった。

ところが、米国議会への報告[30]によると、二〇一〇年七月に、クリントン国務長官がハノイを訪問した背景であった越中の領土紛争が激化し、前述した彼女の提案、つまり「二国間交渉より、米国も交えての多国間会議」案を推進した演説の四日後に、ベトナムの外務大臣が北京を訪問して、このクリントン案に反対をする姿勢を示した。ベトナム・中国の両国が、「地域外の大国の介入なしで」領土問題の対立を解消するように努力するという声明を出した。米国議会への報告書をまとめた米国人識者の総合的な判断はこうである。

米国は友好関係を築くのにある程度成功した。だが、そうは言っても、ベトナム・中国の関係は依然としてベトナムにとって最重要であることに変わりはない。ベトナムの指導者は、北京とワシントンとの間を航行するときには細心の注意を払わなければならない——一方へ近寄りすぎると、他方への脅威のように受けとられないように。同時に、米国の長期的な目的はベトナム共産党の権力独占を覆すことにあると一部のベトナム人が疑っている。

中越関係がふたたび緊張したのは、二〇一一年五月であった。両国ともに領海だと主張している、海岸から一二〇キロ離れた海域で、ベトナムの石油会社「ペトロベトナム」の開発船が調査をしていたところへ、中国の巡視船が近寄り、嫌がらせをした。調査に使用していたケーブルを切断したのである。[31]この開発計画には米国の石油会社も参加していたので、米国はベトナムの肩をもち、北京に厳しく抗議を申し入れた。

中越関係がさらに緊張したのは同年の一〇月、ベトナムとインドがベトナム沖の油田の共同開発に関する協定を結んだときだった。案の定、中国は強く反発した。この件について関係国のあいだでどのような交渉が行なわれたのか詳しくは知らないが、最終的には二〇一二年の五月に、インドの会社が開発事業を「一時打ち切る」と発表したことで沈静化した。

†オーストラリア

二〇一一年一一月にオバマが訪問した際に、米国とオーストラリアが共同声明を出し、オーストラリアとの同盟強化を発表した。この発表によれば、オーストラリア北部のダーウィンを中心とする米軍基地に米兵を二五〇〇人を駐留させるという。ダーウィン近くの米国基地の建設が二〇一二年に始まり、二〇一七年に完成される見込みである。この米豪同盟の強化については、むろん中国は不快感をあらわにしている。

長年、日豪関係の中心人物だったオーストラリア国立大学のドライスデイルは、みずからが編集する「東アジアフォーラム」誌のなかで、米国の挑戦的かつ積極的な対アジア外交を謳いあげたオバマ大統領の演説に対して、冷ややかな歓迎しか与えなかった。ドライスデイルによれば、「民主主義のすばらしさ、民主主義の大勝利」をテーマとするには、中国に対して必要以上に対決的すぎたのではなかったか、と疑問を呈している。だが、オバマ大統領が掲げる価値体系には異議を唱えようとは思わない――という。普遍的な価値であることは確かで、この価値体系を共有できる人は中国にも多かろう。

しかし、開放経済・民主政治が根づいた成熟社会は一夜にして生まれるものではない。中国はそうした成熟社会への道を歩んではいるが、まだ道半ばといえるかもしれない。とりわけ、複雑な課題と取り組んでいる中国にとっては、その道は険しくまさしく前途は多難に満ちている。オバマが言う「米国の国力のあらゆる要素」によって、その道を歩むことを米国が奨励することは、改革に取り組んでいる中国にとって、果たしてプラスになるのか、激励になるのか、はなはだ疑問である。さしあたって、米国の使命を謳いあげたオバマの豪州での演説は、オーストラリアも含めて我々全部が関心を持っている、中国との生産的な交渉にどういう影響を与えるつもりでなされたのだろうか……。

インドネシアの外務大臣が、「オバマの豪州演説が、反発および反発に対する反発を引き起こし、緊張・不信の悪循環をきたすのではないか心配している」と述べた。そして、ホノルルにおける先のAPECサミットの時、インドネシア大統領もつぎのように述べていた。「米国のアジアにおけるプレゼンスを歓迎するが、もう大国の一極的支配の時代ではなくなった」と。

オーストラリアには、二〇一一年のオバマ訪問のときに明らかになったように、米国の庇護を得ようとする強力な政治的本能がある。しかし、同時に、もうひとつの政治的本能もある――アジアにおける新しい権力の中心地が現れたとき、その新勢力に適切に対応して共存し、経済的な恩恵を享受しようとする本能、周辺国の状況の変容にどう影響できるか、そのダイナミズムを前向きに理解しようとする本能である。

日本も二つの立場の間の葛藤で――一方では歴史の教訓を考慮し、他方では現代の選択肢の間で選ぶ難題に挑戦されて――同様に悩んでいる。

†インドネシア

米国がインドネシアと友好関係を結ぼうと外交に励み、それを土台に軍事同盟を築く努力が実らない理由は、明らかにインドネシアがイスラム教国であることと無関係ではない。二〇一〇年にオバマ大統領が締結した米インドネシア総合的パートナーシップ協定、翌年のクリントン国務長官の六億ドルの開発援助協定にもかかわらず、オーストラリア・ダーウィンの基地建設の発表に対して、インドネシア政府が、厳しく非難する声明を出した。[32]

†そして日本

前章で述べた二〇一〇年の初頭の韓国コルベット艦「天安」事件をめぐる米韓の対北朝鮮・対中国の強がりの姿勢が、鳩山政権の普天間からの米軍引き上げ要求への対策であったという説は穿ちすぎかもしれないが、中朝の脅威を強調する方法として、好都合であったにちがいない。とにかく、正式に「思いやり予算」というのはその一部でしかないのだが、二〇一一年に日本の国庫から米軍基地の維持のために、米国に払った総額は実に六九一一億円にのぼった。[33]そのおかげで、米国にとって、普天間はなければ困る、安上がりの海兵隊基地となった。普天間基地を存続させるために、日本国内の親米派がワシントンからのサポートを受けて、鳩山内閣を「宇宙人内閣」と揶揄して倒すことに成功した。

ちなみに「思いやり予算」とは、米国では「日本の戦略的貢献」と呼ぶのだが、二〇一一年一月に前原大臣は「マスコミ各社に協力を求めて」「思いやり予算」ではなくて、「ホスト・ネーション・サポート費」と改名すべきだと要請したという。

近年は日米関係がますます密接になっている。その度合いを示す指標は、毎年開催されるいわゆる「2+2」（日米安全保障協議委員会、両国の外相、防衛相の会議）の声明発表である。この声明は、いつも大義名分からはじまる。たとえば、二〇一一年に発表した声明は「より深化し、拡大する日米同盟へ向けて：五〇年間のパートナーシップの基盤の上に」と題され、[34]つぎのように述べる。

アフガニスタンや中東における闘争も含めて、増大するグローバルな課題に直面した。

これらの課題は、地域における安全保障や安定を維持する同盟の不可欠な役割のみならず、両国の同盟をより深く、より拡大する必要性をも強調するものである。日米が分かちあう価値、つまり民主主義の理想、共通利益、人権および法治制度の尊重などが、依然として我々の同盟の土台である。

二〇一一年の声明のなかでとくに重要なくだりは、「北朝鮮が日本に対して核兵器攻撃をしたら、米国が果たして報復するだろうか。核の傘は確実なのか」と心配する日本人への回答だった。

米国政府は、日本の防衛および地域の平和・安全保障に対するコミットメントを再度確認し、米国の、核兵器と通常兵器をも含めた、軍事手段を使用する用意があることを確認する。

次の二〇一二年に発表された声明[35]に加わった新しい要素は、日本が米国の「巻き返し」政策に、より深くかかわることを約束した点である。

米国政府は訓練および共同演習を以て、同盟国およびパートナー国のキャパシティ強化への努力を続けるつもりである。日本政府は、それに応えて、地域の安全の推進のため様々の設置をとる。なかには、ＯＤＡ援助を戦略的に使って、太平洋沿岸国家への巡視船の供給をも含む。

この声明に「産経新聞」が大喜びした。つぎのような見出しで大きく報じた。[36]

フィリピンなどに船艇供与　戦略的ＯＤＡで〝対中包囲網〟

最近の右傾化傾向に、かつて社会党・社会民主党の票田だった連合は、野田政府の国内政策にはがっかりしたと時々は意見を述べるが、外交政策には逆流的な意見をまったくだそうとしない。その主要な構成組合のひとつ、ＵＩゼンセン同盟（全国繊維化学食品流通サービス一般労働組合同盟）がその月刊雑誌で、「産経」に負けないほどエキサイトしていた。[37]こんな見出しで扇情的に報じた。

「日本政府が中国に正面から喧嘩を売りつけたぞ」

一九三〇年代、軍部といちばん近い立場を取った労働組合、総同盟は、UI組合の曾祖父に当たることを思い出す。

二〇一二年六月の内閣改造で新しく防衛大臣となった森本敏の外交姿勢は、従来どおりの親米路線だった。大臣就任前に彼はみずからのブログで、米国とより密接な共同作戦体制を固める方針を熱心に述べている。[38]

また、日米協力を深化させることは重要な手段である。日米防衛協力ガイドラインの見直しをすすめ、周辺事態法を改正して日本の対米協力分野を質量とも拡大することが求められる。……

米国のASB構想（エア・シー・バトル、空海戦）は兵力運用上の概念としてだけでなく、同盟国との協力面でも活用される可能性が高く、日本としては米国のASB作戦に対応できるような防衛体制をとることが同盟深化にとって必要となる。

イージス護衛艦・大型DDH・対潜戦無人ヘリ・原子力推進型潜水艦・第五世代戦闘機・無人偵察機・空中給油機の増加などを図ることが、防衛力整備の目標となるべきである。

また、米軍グアム基地に自衛隊の派遣基地を建設し、そこからテニアン・パガンの訓練施設を活用することが望ましい。グアム基地を活用して、多国間訓練・演習や情報交換の基地に発展させることが必要である。

さらに、ジブチの自衛隊基地も発展させて、日本の中東・湾岸・北アフリカに進出する前進基地にするために機能を拡充させることが望ましい。

†子供だましの目標・動機の説明

日米両国は、軍事同盟の仮想敵国が中国であることについては慎重な言葉を使う。たとえば、二〇一一年に行なわれた「2＋2」での声明では二四個の「同盟の戦略的目標」のリストを提示したが、その三番目はつぎのように表されている。

北朝鮮による挑発を抑止し、ウラン精錬プログラムを検査して逆行不可能な段階を確認することで非核化を遂げ、六カ国会議を通じて拡散問題、弾道ミサイル、不法活動、および拉致をふくむ人道問題をめぐる北朝鮮との対立点の解決を求め、国連安保理事会の決議および二〇〇五年の六カ国会議の声明の完全実行、朝鮮半島両国の平和的統合を求める。

この厳しさは、中国に関するくだりには見えない。中国は第五番目である。曰く、

中国に対して、グローバル問題への協力や国際的行動基準への順応を果たし、地域の安定・繁栄において責任ある建設的な役割を果たすよう奨励し、米国、日本、中国三カ国間の信頼関係を構築する。中国の軍備近代化計画の開放性・透明性を改良し、信用構築の手段を強化する。

北朝鮮に対するあらわな敵意と中国に対する控えめなたしなめぶりは対照的だが、北朝鮮と中国がこの「2+2」共同発表を読んだなら、どちらの国の読者がより憤慨するだろうか。ならずもの国家として扱われ、中国にもてあまされているのに慣れている北朝鮮の読者か、それとも無責任の傾向があり、米国製の国際ルールを犯しがちだという理由で尊大に「たしなめ」られた中国の読者か。

†米国の対中国アンビヴァレンス──ホンネと建前

かつての米ソ冷戦の時代、一九四〇年代後半から一九五〇年代前半において、米国は「自由世界」である西ヨーロッパに安全保障体制を構築していった。一九五〇年代において、ギリシャ、フランス、イタリアが「赤化」する可能性を排除することに成功して、西側諸国の安全保障の枠組みを固めた。そのときと同様に、二〇一〇年と二〇一一年の二年間の努力の挙句、米国は米中冷戦における安全保障の戦略を固め、アジア太平洋における双方の境界線を明白にしていった。

「2+2」の声明に見られるように、外交・防衛政策上、米国にとって中国が仮想敵国ナンバー・ワンであるにもかかわらず、中国に対して優しい顔を見せたい。バイデン副大統領はその意味で重要な役を演じている。

†バイデン演説

ヒラリー・クリントン長官が、二〇一二年の大統領選挙について記者と話していたら、副大統領というポストが話題になった。彼女は、「副大統領は、(自分が八年経験した)ファースト・レディのようなものだ」といった。はっきりした役割もなく、ただ漠然と、大統領を支援することしかできない、という意味なのだろう。

現職の副大統領もヒラリーと同じ認識をもっていたのだろう。副大統領のバイデンが、

「中国の勃興は、すなわち我々の没落を意味しない」という趣旨の文章を、「ニューヨーク・タイムズ」紙に寄稿した。中国との対立がますます深刻になってきていることへの懸念が米国民のあいだに広まってきたためか、メッセージは「心配しないでくれ。大丈夫だ。ご安心を」というものだった。

中国を最初に訪問したのは一九七九年だ。……先月ふたたび訪ねたら、三二年の間に生じた大きな変化が印象的だった。しかし、ひとつだけ、あまり変わっていないものがあった。それは、中国の目覚しい勃興の意味についての討論である。

わが国においてもアジア地域においても、中国の成長を一種の脅威と考え、冷戦型の競争・大国の衝突の将来を想像して悲観する声がある。ある中国の理論家が、わが米国の政策目標は、中国の勃興をコントロールするための中国包囲であると心配する。

これは、捨てるべき、間違った見解だと思う。中国の軍備力および防衛策目標について、我々は安易な安心感の虜ではない。だからこそ中国の軍事当局と会談をして、彼らの関心を理解すると同時に、彼らの認識の形成に影響を与えようとしている。だからこそ大統領が、自国にも、我々の同盟国にも、地域における米国の軍事的存在感を強めようとしている。私が先月、中国の指導者たちに説明したように、米国は太平洋の大国であり、将来もその役割を果たすつもりである。

しかし、私の考えでは、成功した中国の存在は、わが国にとって損であるどころか、おかげでより繁栄できると思う。

†二〇一二年の巻き返し強化

二〇一二年五月、ペンタゴンの国会への年次報告[39]は、先年にもまして、中国の不法な軍事勢力強化を非難するものとなった。経済的スパイ行為、とくにサイバー手段を使ってのスパイ行為は世界一であり、民間技術を輸入したり、あるいは盗んだりして、それを軍事用に転用する名人であると批判したのである(天安門事件以来、中国への高度技術の輸出を米国が禁じ、日本も含む同盟国にも輸出規制を押しつけてきた)。中国の軍事予算は一〇六〇億ドルというのだが、それがインチキで、実際は一二〇〇億から一八〇〇億ドルに近いだろうと非難する(米国は約七〇〇〇億ドル)。

それを受けて米国の国防長官パネッタが、シンガポールで開かれたいわゆるシャングリ・ラ対話——アジアの国防大臣会議——における六月二日の演説で、「二〇二〇年までに、米国の海軍勢力の六〇%を太平洋に回す」と言った。現在は約五〇%である。パネッタは続けてこういう。

人によっては米国がアジア太平洋地域に今より強く関心を示していることを、中国への挑戦と見ている。それをまったく否定します。

「まったく」。彼の話を聴いて、なるほどと鵜呑みにした人がはたしていただろうか。

このパネッタの発言に対して、中国外務省報道官の反応は、かなり低姿勢だったとロイターの記者が評価した。[40] ロイターは報道官の言葉をこう伝えた。

目下、アジア太平洋における大きな流れは平和を維持し、協力と開発を推進する方向である「のに」……わざわざ軍事的安全保障を強調し、軍事力の配備を強化し、軍事同盟を強固にするアプローチは時代遅れである。

前年（二〇一一年）のシャングリ・ラ会議では大いに活躍した、中国の防衛相である梁光烈大将は、二〇一二年の会議へも参加を予定していたが、欠席した。

その欠席の事実をどのように解釈するか、米国での分析が分かれていておもしろい。

「ウォール・ストリート・ジャーナル」紙の中国系米国人はつぎのように分析する。北京では、リーダーの世代交代のいざこざが酷くて、梁氏が北京を離れられなかっただろう。そのことだけでも、中国の共産党支配がいかに危うい状況にあるか、共産党政権が不安定な状態にあるかの象徴であると。[41]

対照的だったのは「ニューヨーク・タイムズ」紙だった。上海のヴェンチャー・キャピタルに携わっている、同じく中国系の名前の実業家の投稿[42]に会議の解釈をゆだねる。その解釈によれば、米国からは防衛相ばかりでなく海軍と空軍本部総長も出席していたのに、中国からは防衛相が不参加であった主たる理由は、二〇一〇年以来の米国の南シナ海における領土問題の解決方法についての対立によるだろう、とのことであった。領土問題について、中国は当事国のあいだで個別な二国間交渉によって解決する意向であったが、ヒラリー・クリントンは米国も交えた多国間協議で解決策をさぐるべきだと提案した。領土問題を二国間交渉で解決するのか、それとも多国間協議で解決するのか、この違いが米中対立の原因である。事実上、交渉のやり方は中国が一方的に決める立場にある。だから、何もシンガポールで米国と言い争う労をとる必要はない――。そう中国が考えたとしてもおかしくはない。

同様な分析をしたのは他にもいた。パネッタにインタヴューをした「ファイナンシャル・タイムズ」紙の記者である。米国の演説のレトリックは勇ましいが、実際には、中国との大っぴらな摩擦を避けたい。シンガポールでの会議が開催中に、フィリピンの沖(中国は南シナ海、フィリピンは西フィリピン海と呼ぶ海域)では、中国の漁船、フィリピンの巡回船、中国の巡回船の睨み合いが一カ月も続いていた。「ファイナンシャル・タイムズ」紙の記者がパネッタにつぎのように尋ねた。

パネッタ長官が「領土問題については、米国は一方の国だけを支持しない」と言ったことについて、中国とのあいだで今まさに生じている睨み合い事件に関して、レトリック的にすら米国はマニラを応援してくれないので、フィリピン政府は幻滅している。そこで、パネッタ氏に聞いた。「米国が中国の南シナ海での行為に対してもう少し好戦的な姿勢を見せなければ、例の「アジアへのリバランス」はまったく頼りないと思われる危険がないだろうか」と。その返事は「南シナ海の紛争は、当事国しか解決できない」というものだった。[43]

二年前の二〇一〇年に行なわれたクリントン国務長官のハノイ演説と比べると、内容的にはかなりの後退である。

フィリピンの場合でも、ベトナムの場合でも、排他的経済圏の境界をめぐる対立が紛争の基本原因となっている。国連海洋法条約では、中国が主張する大陸棚論と、日本も含めた他国が主張する中間線論と、どちらを優先するべきか、条約の規定が曖昧である。しかし、二〇一二年三月に海洋法裁判所のビルマ（ミャンマー）・バングラデッシュ訴訟の判決では、「中間線基準が優先する」と決めて、判例がつくられた。

この判決を受けて、「中国は今までのこわもてな姿勢を改めるべき時なのかもしれない」と日本版「Newsweek」が評した。[44]

†米中冷戦の諸軸

しかし、領海・領土問題は二の次の問題である。米中間の相互敵意の根はより深いところにある。パネッタが米国に帰って、今度は七月に、クリントン国務長官がアジアを訪問する番となった。中国と切っても切れぬ関係にありながら、中国に圧倒されない意志が強く、選挙・議会政治の民主主義体制を取っているモンゴルにおいて開催された、女性リーダーシップ・フォーラムへ参加して注目された演説をした。

「ファイナンシャル・タイムズ」紙のピリング（Pilling）によると、[45] ヒラリーはその一時間の演説のなかで、「民主主義」という言葉を四八回使ったそうだ。「中国」という言葉は一つも使用されなかったのだが、「民主主義的でない、独裁的、権威主義的政権」の悪弊を長々と述べるくだりは、どこの国を指しているかは明らかであった。「民主主義」という言葉は概念の規定が実にファジーであると述べたうえで、ピリングはヒラリーの演説を、最近の中国の動向——言論の自由、反体制活動の自由が、二〇年前に比べると大いに拡大してきたこと[46]——を無視した、実に下手な宣伝演説だったと結論する（ウランバートルの市民がどう受け止めたかはわからないが）。

ともかく、この間に生じた米中の舌戦からは、利害関係の衝突および「中学二年生の腕比べ」と称した競争心が、どこまでエスカレートするのかを考えさせられる。ちょっとした違和感がすぐ感情的な敵意に変わり、発言が冷静さを失う。

クリントンの演説に関するピリングの記事の二日後に、「ニューヨーク・タイムズ」紙が、中国共産党中央委員会の研究所の趙明昊（Zhao Minghao）の投稿を載せた[47]。クリントンの演説と同様、自国の立場を有利にするための投稿だが、そのトーンはいかにもおとなしく、強がりのないものである。テーマは中国パワーの諸問題。それを規制するひとつの要素は貧困である。毎日の収入が二ドル以下の中国人は実に人口の三六％におよぶ。しかし、最も印象的なくだりは、「中国はパワーとなる資源はいろいろもっているが、まだまだ米国のそれには匹敵しない、とくに、いわゆるソフト・パワーの面で——政治的価値およびシビル・ソサイエティの魅力の面で」。このようなことをお高くとまっている米国人が吹聴することはしばしばあるが、中国人の口から聴かされるとは少し驚いた。儒教ファンの私は少し謙遜的すぎると感じた。

中国の友人はいう。「でもホンネでしょう。中国のエリートたちは皆、子供を米国の大学に留学させているじゃないですか」。

趙明昊による投稿の主旨は、以下に示す最後の二つのパラグラフにあった。

> 中国は他人の言うことを聞いて、オープンで法治に則った世界秩序に深く関わるようにしなければならない。というのも、代替的な秩序は存在しないからだ。
> 同時に、国際社会は、中国の不安や長期的な希望に、とりわけ国民の食料を確保しながら近代化することの難題や、パワーをめぐるジレンマに取り組んでいる努力に、もっと理解を示してもらいたい。
> 中国の能力や政策的意図を過大評価して「脅威」と感じること自体が紛争のもとになり、悲劇的な結果をもたらしうる。中国の世界への入場は相互適応のダイナミズムを要する。

読者はすでに分かっているように、私の基本的な米国観は批判的なものである。しかし、仮想敵国からのかような投稿を歓迎する新聞が、まだ米国にあることは頼もしい。

翻訳しにくい英語の言葉の一つに「bellicosity」という単語がある。その意味は、「独りよがりで、喧嘩っぱやくて、自分が間違っていることを決して認めない」というもので、人間関係に角を立てることを好む素質をいう。もしも心理学者が bellicosity の度合いを測る「Bスコーア」という指標をつくったと仮定するならば、国際関係に対する米国と中国の現在の姿勢をくらべれば、米国のBスコーアの方が圧倒的に高い。

†Si vis pacem, para bellum

「ローマの孫子」と呼ばれ、四世紀の古代ローマで活躍したウェゲティウスの有名な言葉である。「平和を欲すれば、戦争の準備をしろ」。カルタゴやパルティアやゲルマンの讐敵を相手にしていた古代ローマにとってふさわしい姿勢だったかもしれない。また、米ソ冷戦当時のMAD体制（第四章および第七章以下参照）も、ある程度は、この教えの正しさの証拠だといえる。しかし、ローマ時代でも、競争相手も同時に戦争準備を急いだが、造船と農民の動員程度で長続きしなかった。現在の競争は、新兵器の開発をめぐる競争で、永遠にエスカレートし、かえって戦争が起こる確率は高くなる。

「予言するのは難しい、とくに将来について」というジョークは真実を語っているに違いない。しかし、それでも、いくつかのシナリオを考えた方が賢明である。次の二つの章で、現代の世界にとって最も重要な枢軸、米中関係についてそれを試みる。

米中冷戦の決着――ひとつのシナリオ

†中国の「和平崛起」

米中関係が全世界の中心的な関心を集めることは必然的にみえる。米国が依然としてグローバル超大国であることに変わりはないのだが、あまり遠くない将来において、中国が同格か準同格の大国になる確率が高い。両国の「勢力均衡」がこうして速いペースで実現しつつあるときに、両国の関係がどういうかたちになるのか、世界全体が注視するのは当然である。

ジェークス（Martin Jacques）の『中国が覇権国となるときに』（未邦訳、原題は *When China Rules the World*）が、「ニューヨーク・タイムズ」紙上で、フリードバーグ（Aaron Friedberg）という米国の政治学者の手によって書評された。この書評は、米中関係の行方に関して欧米でいかに議論百出かを示す好例である。[48]

フリードバーグの説によれば、中国と和解できることを信じている米国の「上海連立勢力」は「幻想の虜」であり、米国がなすべきことは、中国が軍事力で決して勝てないように新兵器開発に膨大な資金をかけることであると主張する。

同じ二〇一一年には、米国陸軍が有名なシンク・タンクのランド研究所（Rand Corporation）に委託した研究の報告が公表された。「中国との対立：予測、結果、および抑止方法の考察」と題して、中国と紛争関係になるシナリオをいくつか分析する（中台関係の悪化、日本との尖閣をめぐる争い、北朝鮮の体制崩壊、などなど）。これらのシナリオを描くことが、米国陸軍の主要な委託理由であったが、「それでどうするか」という処方箋については、その趣旨を次のように要約している。[49]

ランド研究所の用語では、「資産」とは航空母艦、普天間基地、グアム島、日米同盟の諸関係などを表す、非常に幅広い概念である。

中国の総体的軍事力が米国のそれに匹敵する日はまだかなり遠いのだが、近隣地域において支配権を獲得する日はもっと早く訪れるだろう――まず台湾近辺、それからだんだんとより遠くへ。よって、中国の勢力圏が広がるにつれて、該当地域における紛争の種である米国の「資産」を防衛することがますます難しくなり、最終的には不可能になる。結果として、米国は防衛の手段においても、抑止力として報復力を保持する手段においても、ますます「段階が上がる」(escalatory)選択肢に依存せざるをえない。

†段階上がりの選択肢?

米国が核兵器において優勢であることは、あまり足しにはならない。なぜかといえば、まず、中国が報復能力を失わないからである。そして第二に、問題となる米国の国益が、米国の生存にとってそこまで重要ではないからである。結果として、米中の対立がサイバー次元から経済次元へと「段階が上がる」(escalate)可能性が高い。両方の段階では、米国の弱い面が突かれ、米国にとってマイナスの面が大きすぎるだろう。

非核弾頭ミサイルによる、中国内の軍事的ターゲットへの攻撃が最良な選択肢かもしれないが、対立がその次元にとどめられる可能性は少ない。直接防衛能力を強化し、「段階が上がる」選択肢を必要とするリスクを軽減するひとつの方法は、中国の隣国の自己防衛力と抗中決意を強化することである。しかし、それと並行して、中国自体を防衛協力関係に引き入れるよう努力すべきである。

しかし、ランド研究所の報告はかように恐ろしき将来のシナリオを描くとともに、「望みなきにあらず」と結論する。以上のような防衛協力関係を築くほかに、米中戦争が起こった場合、究極的に見届けることができない世界経済のカオスも、一種の「相互確証破壊」となる。それも相互に働く抑止力にもなるかもしれない。

†二つのシナリオの材料

シナリオ作りのひとつの方法は、最近の傾向がそのまま続いていくと考えること——普通は、人口構成の予想される変更や資源の枯渇などを勘案して、外挿をすること——である。よく引用されている、ゴールドマン・サックスの、「中国の総生産が米国のそれを追い越すのは二〇二七年」はその類である。

もうひとつの、そして概して、最も説得力のある将来のシナリオは、歴史との比較に基づいたシナリオである。米中関係の将来を考える時、最も参考になるシナリオとして、歴史的な前例が二つある。ひとつは、誰もが思い浮かべるものであり、一九四五年から一九九〇年までの米ソ冷戦である。もうひとつは、一八九六年から一九四五年までの日本の勃興・米欧への挑戦・崩壊の歴史である。

米中競争構造の中核には、前章で見たように、かつての米ソ冷戦の構造と同様に、軍拡競争がある。「自由市場経済」対「計画経済」とか「言論抑制・権威主義」対「人権・民主主義」などの思想的な対立は二の次である。近年、尖閣紛争、黄海の軍事訓練などをめぐる摩擦のおかげで、評者の最大の関心は潜水艦と航空母艦隊の量および質、そして中国の特定海域への対米アクセス否認（Access denial）能力にあるのだが、問題を難しくしている最大の要因は、前述したフリードマンが論ずるように、一〇年先、二〇年先にどのような決定的な新兵器が現れるのか予想しにくい点である。ミサイル技術の開発や、ミサイル防衛技術開発の競争がひとつの重要な焦点になることだけは確かであろうが、以上のランド報告が予言するように、両者ともに、報復の恐れをなくす先制攻撃能力を確保することには成功しないだろう。この事実や、ランド報告が言うところの「世界経済崩壊カオス」への共通する恐れが、両国の闘争にブレーキをかける可能性はある。

米ソ冷戦の時のように、MAD（相互確証破壊、核兵器による先制攻撃を受けても、敵国に報復して絶対的な損害を与えられる核戦力を保持することによって、核攻撃を抑止するという米ソ冷戦時代の核戦略構想）体制に終われればいいのである。米ソはお互いにミサイル破壊力のバランスを保つことの妥当性を認めて、一九七二年にミサイル防衛システムの建設を、各々二カ所に限定することに同意した（いわゆるABM条約。二年後に、二カ所でなく、一カ所のみとされた）。MAD体制は、レーガン大統領の「戦略防衛構想」（Strategic Defense Initiative、SDI）で一時ぐらつきそうになったが、結局ソ連の崩壊まで維持された。

二〇〇一年にブッシュ政権になって、米ロ関係は少し潮目が変わった。米国の覇権的な単独主義外交の一環として、ブッシュ大統領がABM条約から脱退して、ポーランド・チェコ共和国におけるミサイル防衛施設をつくって、核均衡状態から再び核優勢状態に戻ろうとしたからだ。二〇一二年現在でも、ロシアにとって、シリアやイランの問題よりも、米ロ対決のほうが核心的な問題である。

MAD体制が均衡を保つのは、両大国の国力がさほど変わらない時である。結局、米ソ冷戦の勝ち負けを決したのは、兵器の技術的な違いよりも、ハードとソフトも含めた国力の差であった。ゴルバチョフ（Gorbechev）の開放政策が米国並みの経済成長率をもたらさず、ソ連内部の分裂があらわになり、昔のように親分国ロシアが東ドイツに対して横柄な態度で臨みえなくなった。米国のもつ「ソフト・パワー」が奏功したというより、西ヨーロッパの文化力——Voice of Americaの放送よりも、西ドイツ、オーストリアなどのテレビ——が効果的だった。とにかく、東ドイツに反ソ親米の独立を主張する運動が起こった時、ゴルバチョフはこの運動をソ連軍が抑える見込みのないことを認めて、お手上げとした。こうして、ワルシャワ軍事同盟条約体制が崩壊した。

†中国が米国を越えるとき

経済発展論者のほとんどが予測しているように、中国の国力が米国のそれを圧倒的にしのぐときがいずれ訪れる。次世代ミサイルが登場すれば、航空母艦はもはや「昨日の兵器」となり、もはや兵器としては時代遅れになるという説が支配的になりそうだが、現在の米中の海軍力を比較すると次のようになる。

米国航空母艦および駆逐艦などの艦隊　一一隊
内、現在太平洋に常時配置されたのは　一隊
将来太平洋に常時配置されるのは　五隊
中国の航空母艦　ウクライナから買った中古の一艘

米国の予算赤字限定の結果、軍艦がますますモスボールされ（配備されずに、防虫剤をつかって古着をしまうように保存されること）、および中国軍が新艦建設を急ぐことを考慮すれば、海軍力の比率が現在の一一：一のまま推移するとは想像しにくい。遠くない将来において、その比率が八：四になっただけで、太平洋における勢力均衡地図はかなり変わってくる。

その時になったら、日本が一九八九年の東ドイツと同様な役割を演じるだろうという説もある。後で、より詳しくその可能性を検討するが、重要な根拠はつぎの点である。

・親分国の横柄さ（普天間問題など）
・脱儒教の文化圏のルーツへの関心
・人種的近似性：「外人」として目立たないこと
・勝ちそうなものに対する日本が戦後にみせた慎重な事大主義

もっとも、第二章で引用した世論調査が示すように、「中国に親しみを感じない」と回答する国民が八〇％を占める日本において、対中国感情を覆すのは容易なことではないだろうが、エアコンのない夏が見込まれ、「原発全面廃止論」の八〇％支持率が徐々に低下するであろうことを考えれば、不可能ではないかもしれない。

日本の姿勢が重要であると同時に、米国の対中外交も重要である。タカ派は、東京に米国の傀儡政府を作る方法を模索するだろう。しかし、ハト派がでてくるだろうか。ゴルバチョフのように降参して、「負けた。新しい共存の関係をつくろう」と言いそうな人物は米国の政治文化では育ちにくい。

第五章　歴史が示唆するもうひとつのシナリオ――明治以来の日本の勃興

†米国の政治家の演説によく出るせりふ

「中国の勃興を心から歓迎します」

「中国が国際システムにおける責任あるステークホルダーになることを切に望んでいます」

米国人にとっては、ごく当然の、友情をこめた言葉であるが、中国人にとっては全く違う意味に聞こえる。喩えるならば、ウォルマートで低賃金で雇われている人びとに、「ウォルマートの責任あるステークホルダーになってくれ」と言うのと同じようなものだ。

問題は、中国人のこの心理を理解している米国人が少なすぎるということだ。「現在の国際システム」は、戦後半世紀において、米国が覇権国として主導権を握ってみずからに都合のいいように創ったものであることを忘れているのである。イランと貿易をする中国の企業を米国から締め出す制裁案が米国で提案されたり、米国が台湾へ武器を供給したり、米国が中国を封じ込めるための基地をオーストラリアにつくったりする時、中国では「我慢がならないが我慢しよう」という反応をみせるのが一般的である。流行り言葉は「臥薪嘗胆」であるらしい。

日本でも「臥薪嘗胆」という言葉が大流行したことがある。一八九六年、陸奥宗光外務大臣が、三国干渉を受けざるをえなかった悔しさをあらわすために、音頭を取って流行らせた。日清戦争の「戦果」だった遼東半島をフランス、ドイツ、ロシアの圧力に屈して、中国に返さざるをえなかった時に、将来「ザマミロ」と言える時代を期して唱える言葉であった。

この言葉の典拠は「史記」といわれる。春秋時代、紀元前五〇〇年頃、父を殺された呉王夫差と捕虜になった越王勾践の故事である。越王勾践に対して父の仇を討つ義務を一日も一刻も忘れないように、一〇年も薪の上に寝た夫差と、捕虜の屈辱を忘れないために毎日苦い胆をなめて、ついに呉を倒したという越王勾践の逸話は二五〇〇年後の今でもまだ妙味がある。

日本の場合、日露戦争でロシアに勝って、遼東半島が手に戻っても満足しなかった。一九〇二年に結ばれた日英同盟によって「列強」格に上がったが、その後の四〇年を通じて日本はあくまでも第二級列強の地位に甘んじ、世界における第二級国民であることは米欧大国の対日外交の前提であった。ヴェルサイユ条約の前文に「人種平等」のメッセージをいれようとした日本の提案は否定され、ロンドン条約、ワシントン条約では英米日の軍艦造船制限が五：五：三とされるなど、黒船がもたらした一八五〇年代の「不平等条約」の記憶をつねによみがえらせる材料には事欠かなかった。

要するに、現代の中国と戦前の日本に共通する第一の類似点は、外交の原動力としての「平等欲」である。現代の日本でもその感情が一〇〇％満たされたわけでは決してない。普天間問題で、ゲーツ国務長官が東京を訪問して無礼に振るまったり、鳩山内閣の倒閣にあからさまに加担したりする現実をみると、似たような感情を覚える人が多いかもしれない。しかし、中国および呉王越王と全く異なるのは、「ザマミロ」といえる時代が来ると思っている日本人が、現在は皆無であろうということだ。つまり、中国と日本の違いは、一九四五年の決定的な敗戦の記憶である。

第二の類似点は政体である。官僚機構にもとづく諸制度の発明という点では、たしかに中国が本家ではあるが、日本も人後に落ちなかった（たとえば、松平定信の「奉行の私文書・奉行所の公文書との厳格な区別指令」)。立法、行政、司法という三権分立を超えた、いわば政治の第三セクター――現在の中国なら共産党、昭和初期の日本なら政友会・民政党・そして翼賛会など――の多様性は別として、現在の中国と明治時代および満州事変以後の日本に共通する特徴は、政治的な実態が、行政官僚と軍人の二つの官僚組織の常に変わりつつある力のバランスによって構成されるという点である。

戦前の日本と現代の中国における「政策」とは、文官と武官の同格を前提とする、二つの官僚体組織の絶えざる権力争いの産物である。両組織を超越して統合する責任と権力は、日本の場合は天皇、現代中国の場合は共産党総書記だけが握ることになっている。丸山眞男が指摘したように、頂点に責任を集中させる体制は無責任体制、コンセンサスの体制であって、両官僚組織の争いの勝ち・負けは、外部の事情やそのときの世論や世間の感情に左右されがちである。

この争いのプロセスにおいて、軍部が決定的に優勢になりはじめると、武官の世界観が文官にも浸透していくのであるが、戦前の日本でまず最初に浸透した文官の官庁は、外務省であった。国際連盟からの脱退、続いて天羽声明のときにそれがあらわれた。中国では最近の尖閣をめぐるイザコザにおける中国外務省の過度な強がりも、同じ現象の兆しのように理解できる。

そして、第三の類似点は人種的違和感も交えた愛国心である。

†「国力」ということ

以上の二つのシナリオが米中の将来を考える場合に参考になる理由は、いずれのシナリオもひとつの共通原理にもとづいているからである。すなわち、二国間の対立、競争、摩擦における勝敗に決着がつくのは、相手国との「国力」のバランスがはなはだしく崩れ、一方が優勢になり、その事実を両国の国民が認めざるをえないときである。

その「国力」とは何か。いくつかの要素から成り立っている。戦力および戦力投射のハード・パワー、内政安定や世論の統一度、海外における自国文化の定評などのソフト・パワー、あるいは、ハード・パワーとソフト・パワーの両方を支える、国富、GDP、自国通貨が国際通貨となりえる経済力の総計など、こうしたさまざまな要素から「国力」は成り立つ、きわめて数量化しにくい概念である。だが、決して無意味な概念ではない。

一九四五年の日米の場合は言うに及ばず、一九九〇年でも米国の「国力」が明らかにソ連のそれを凌いでいた。問題は、少なくとも一九九〇年の米ソと同程度に、二〇~三〇年後に中国の国力が米国のそれを凌ぐ時代が来る可能性が大きいということである。

私がこう考える根拠は次のとおりだ。

① 相対的成長率

将来の成長率の推定を試みれば、中国のGDPが、米国のそれに追いつくのはそう遠くなく、その後も少なくとも数年間は中国が上回りつづけるだろうことは誰にでもわかる。日本、韓国の成長ダイナミクスが減速したのは、農民人口が全人口の一〇%まで減ったときだった。中国のその割合はまだ三五%である。

② 中国政府の課税能力

二つの側面から説明できる。(a)原則として、どこでも成長率が高ければ、増税の政治的可能性が大きいこと。(b)中国が選挙民主主義的体制に移ったとしても、現在の米国共和党主流のような、いわんやTea Partyのような、超個人主義的な政治勢力があらわれる見込みが少ないこと。

③ 増大する国防費

増加する予算のなかから軍事費への支出を維持・拡大する可能性は、米国の「軍産複合体」よりも中国の方がより高い。象徴的なニュースは、二〇一一年一二月に発表された中国の「宇宙産業五年計画」である。「米国が宇宙施設を廃絶している時なのに！」と「ニューヨーク・タイムズ」紙がくやしがった。

④ 新兵器開発

国民のなかの最も優秀な頭脳を（ウォール街でバフェットが言うところの「大量破壊金融兵器」生産やその他の金融工学に携わらせるより）兵器開発に集中させる能力も中国の方が高いだろう。

⑤ 優秀な頭脳の訓練

以下の事実が重要なことを物語ると思う。すなわち、日本がはじめていくつかの分野で、技術前線を越え始めた一九七〇年当時、大学卒業者の数は約二〇万人、理科工学系の卒業生はその三分の一。ユネスコの統計によると、二〇〇九年における中国での大学卒業者は七七〇万人。理科工学系の割合は知らないが、日本とそう変わらないだろう。

一九八〇年代、経済成長ダイナミズムが旺盛だったイタリアのGNPが、イギリスのそれをしのいだ時、有名な自賛の言葉が「イル　ソーパッソ"Il Sorpasso"」だった。「イタリアの追い越し」。しかし、イギリスが覇権を米国に譲ってから半世紀も経た時点での話だった。

しかし、予想できる中国の「Sorpasso ソーパッソ」は覇権国のソーパッソである。第二次大戦後米国に挑戦してきた新興国ロシアが、一九九〇年となったら、同盟国、東ドイツ、ポーランドの忠誠を失って、軍事的な力でそれらを同盟内に引き留める自信がなくなり、終いには「じゃ、負けました」と手を上げた。それと同じように、韓国・日本という同盟国が米国から離れるかもしれないし、中国と戦争して、かつての新興国日本に決定的な敗戦を食わせたのと同様に、勝利者となる自信を失った米国が、平和的に覇権をゆずるとは考えにくい。二〇一二年の大統領選挙戦をみただけでも、米国の選挙制度はゴルバチョフのようなハト派の大統領を養成しないことは分かるだろう。

安心材料？　自己欺瞞？

前章で描いたシナリオ――米中の国力バランスが漸次的に中国の圧倒的優勢の方向に傾くというシナリオ――が実現しそうだと考える学者、評論家、ジャーナリストは、前章で引用したジェークスも含めて少数派である。この少数派に属する一人が、スブラマニアム（Arvind Subramaniam）である。米国の外交問題評議会が編集する「フォーリン・アフェアーズ」誌（以下、FA誌）は米国外交に影響を与える力をもつが、最近掲載されたスブラマニアムの論文がこの雑誌誌面を賑わせた。二〇一一年に出版された彼の本の題は『日食――中国の経済支配下を生きる』だった。[50] この本の内容を要約した論文が「必然的超大国」と題されてFA誌（二〇一一年九・一〇月号）に掲載された。[51]

この本についての批判的な書評[52]が出る前にも、春にFA誌に、シザーズ（Derek Scissors）の手になる反駁の論文が掲載された。[53] スブラマニアムへの全面的な攻撃である。シザーズの論点は次のようなものだった。

　スブラマニアムは、中国の勃興を複雑化する諸政策を見逃し、中国の経済成長が行き詰まる可能性を無視している。そして、彼の「支配」の定義は、米国がいま持っている覇権的権力が中国に移るという説とはあまり関係がない。

　スブラマニアムの「支配」の定義はいくつかの指数から構成されているが、そのいちばん大きな欠点は、中国の債権国としての側面を過大評価している点である。対外債権国であるという理由だけで、中国の国力がすでに米国のそれに比肩していると言う。しかし、現在でも中国経済の総生産が米国の半分以下であって、生活水準は一〇分の一であることにくらべると、中国が債権国であることがとりわけ重要であるわけではない。

　シザーズは続けて言う。国力というものを考える場合、債権国であることを指標とするのはもともと間違っている。なぜかといえば、一般的に債権者権力とは金融的に開放的な国に当てはまる概念であるのに、中国は金融鎖国であるからだ。開放的な経済なら、外貨の使いどころはいくらでもある。ところが北京は、せっかく積み立てた外貨を国内では使えないため、米国の国債を買うしかない。

　つまり、中国が債権国であることは国の強みというより、国の弱みに起因している。三・二兆ドルの外貨積み立ては、投資と消費のインバランスの兆候である。本来のあるべき経済の姿から考えると、富裕国に金を貸すより、中国は資本を十分に投資して年金制度や金融制度を構築し、国内開発を加速させるために外国資本を輸入している方が望ましい。

バボーネズの論文（FA誌、二〇一一年九・一〇月号）が指摘したように、中国の成長射程を最近の成長率がそのまま続くものとして予測することは間違いである。中国の成長がいつか完全に止まる可能性はなきにしもあらず。成長は土地、労働、資本、技術開発などの要因によって決まる。中国が自然環境を使いつぶし、その国際競争力を支えた労働過剰状態も侵食されつつあるし、過剰投資によって資本の利回りを低くした。成長にとって芳しくない兆候である。

技術開発の点で、スブラマニアムは中国の技術セクターの成長および新技術を消化する能力を大いに褒める。だが、それは浅薄な考えだとシザーズがいう。経済的リーダー国となるためには、新技術を消化するのでなくて開発する必要があるが、国有大企業を優遇しているのは技術開発の妨げになる。そのうえ、中国の高等教育は質の点でよくないし、必ずしも改善されているのでもない。ゼロ成長のシナリオはホンモノの危険である。日本人に聞いてごらん。

もっとも、とシザーズは、熱情的に安心論を主張したという反省からか、米国が現在のような低成長の状態をつづけるなら、もう覇権国たりえないと警告する。ただ、中国がそれに代わる可能性を主張するのはナンセンスであると。

結論は、我々米国人が覇権を失った世界を期待し、新たな覇権国の誕生に対応しなければならないのではなく、覇権国が存在しない世界を迎える準備をしなければならない、ということであった。

シザーズは、ネオコンの先端シンク・タンクだった右翼の Heritage Foundation の研究者で、「国有企業は技術開発ができない」などと主張している。だが、読者はすぐ分かるように、この主張は世界一の新幹線を作った日本の国鉄のような例を無視している（そういえば、スブラマニアムの Peterson Institute も普段は新自由主義の宣教師的な研究発表をするのだが）。シザーズの思想にも、反計画経済思想以外に中国人に対する人種的蔑視も感じ取れる。

以上、要約したシザーズの反駁論のなかで用いられる「支配」の定義だが、そのさまざまな指標について一言しておきたい。本書では、第三章から第五章において、主として軍事的支配権が変移する可能性、とくに太平洋において、米国海軍が自由に動ける「準領海」と中国海軍が自由に動ける「準領海」の境界線が東に移る可能性を検討してきた。しかし、覇権国の条件を規定するのは軍事的支配権だけではない。かつて米国が「一極世界システム」の頂点に輝き、覇権国としての栄華をきわめていた一九四五年から一九七〇年においては、軍事的支配権のほかに二つの要素が重要だった。

① 米国の通貨が国際貿易の通貨となったこと。

② 国連総会における議決方式。（たとえば安保理事会の席を台湾政府が保持するような非合理的な政策でも通す能力を与えた）票の三分の二という「機械的多数」。

いつになるか分からないが、中国の現在の旺盛な海外投資や、外国での「孔子センター」建設の勢いを見たら、二〇四〇年までに、中国がこの二点において「超大国」に昇格している可能性を過小評価すべきではない。

有名な社会学者アミタイ・エツィオーニ（Amitai Etzioni）が指摘するように[54]、中国の勃興について、息が切れるほど興奮した報道が、「ニューヨーク・タイムズ」紙にときどき掲載される。記事には「中国がすでにカリブ海の島々に上陸している」などの見出しが冠されている。「そこで中国がどういうことをしたかと思う?」とエツィオーニが皮肉る。答えは「バハマ諸島で、三五〇〇万ドルのすばらしいスタジアムを建設した」。他にももっとある。ドミニカという小さい島に、学校、病院、またスタジアムを建設した。アンチグア島にも発電所を建設し……。

「ニューヨーク・タイムズ」紙が続けて言う。「中国人は、世界中で自分の経済的な優越性を見せびらかしているが、米国のこんなに近くに旗を立てたのを見て、その意味を徹底的に調べたり、眉をひそめたりする人びとは少なくない」。「旗を立てる」という「ニューヨーク・タイムズ」紙の用語はおかしい。中国領土だと主張しているわけでもないのに……。「ニューヨーク・タイムズ」紙はこうも言う。「軍事基地をつくり、カリブ海の島々の軍隊とのあいだに関係をつくっているわけではないので、防衛専門家の大半は、以上の出来事を安全保障上の脅威とはみていない」。脅威と見ているその「大半」以外の専門家は何を考えているのだろう……。

中国の進出を米国が本当に心配しているなら、自分でカリブ海の島々に学校や道路やスタジアムをつくればいい。とにかく頭を冷やしておく必要がある。思い出してほしいのは、日本人がカリブのような遠いところでなく、ニューヨークの中心地にそびえるロックフェラー・センターを買った時のパニック・自虐的悲鳴だ。あのときも米国亡国論がまことしやかに囁かれたが、結局、米国は滅びずに済んだ。エッツィオーニの馬鹿げた悲鳴を批判する論法は、同時に、米国の優越性への自信論である。

†米国が覇権を失う？　とんでもない！

エッツィオーニの主たる狙いは、将来を展望する本格的なシナリオを書くことではなく、タカ派ナショナリストの偽善を揶揄することにある。他でも論じているように、中国の国力が米国のそれをしのぐにしても、米国の文明への脅威とは必ずしもならないという楽観的な立場である。

このような「ハト派の楽観主義」とは似て非なる「タカ派の楽観主義」というものもある。その代表としてあげられるのは、ユーモアのない強がりを見せて、自信満々で、二〇一二年のベスト・セラー『米国が創造した世界』の著者、ロバート・ケーガン（Robert Kagan）である。彼の本に通奏低音のように響いているのは、現代の国際秩序を創造したのは米国である以上、米国は国際社会の諸制度に対して、版権や特許のような権利をもっているという主張である。

彼の本は米国での受けが大変よかった。大統領も読んでいたと伝えられた。CNNの討論会に出席した時、彼自身が自分の本の趣旨を要約した小論を宣伝材料として使用した。[55]まず、いかに現代の我々が恵まれているかを説明する。曰く、「自由」が準普遍化した、人類の歴史は戦争だらけなのに最近六〇年間は大国間の大戦はひとつもなかった、一九四一年には民主主義国家は一二しかなかったのに現在は一〇〇以上存在する、未曾有の経済成長によって数十億人の人たちが貧困から救われた、云々（「目下の経済危機にもかかわらずだ」と）。

　こうした秩序によって維持された現代世界は、第二次大戦のあとで、グローバルなリーダーシップを引き継いだ米国が作りだしたものである。もし米国が衰退したとしたら、このような秩序が残るだろうか。米国のある知識人はその可能性を肯定的に考える。「たとえ米国が覇権を手放しても、世界は今とそう変わらないだろう。いま必要なのは、米国の衰退を「うまく加減して」いくことだ」と。しかし、ケーガンはこの主張に猛然と反対し、それは希望と確率性を混合する思慮の浅さのあらわれにすぎないと断じる。権力のバランスが他の大国に有利なように動けば、その国の利益や価値の優先順位に応じて世界秩序は変わる、米国のすばらしい努力の成果が失われる、というのである。

「米国のある知識人」と言うくだりで、けしからぬ、反駁すべき論争相手の一人はポール・ケネディ（Paul M. Kennedy）だったに違いない。ケネディは、日本でも発売当時に大ベストセラーとなった『大国の興亡——一五〇〇年から二〇〇〇年までの経済の変遷と軍事闘争』（一九八八年、草思社）の著者である。この本では、スペイン、オランダ、イギリスという歴史上の覇権国の盛衰が分析されており、それらの国に衰退がもたらされた原因は「帝国が手を広げすぎた」ことに起因するとした。出版された一九八八年の時点では米ソ冷戦が続いていたので、米国もソ連もその例に漏れずと警鐘を鳴らした。ソ連が崩壊したら、米国学会の大半は、いかにケネディが間違っていて、米国への警鐘が余計な心配だという立場を取ったのだが、ケネディは譲らない。最近の論文などでも、「持論は変わらない」とときどき書いている。たとえば、以上の「衰退をうまく加減して」の意味を解明して、「ウォール・ストリート・ジャーナル」紙ではこう書いた。[56]

西洋からアジアへの、権力の地殻の変動のような移行は逆行させにくい。しかし、米国議会およびホワイト・ハウスがもし合理的な政策を取れば、このような歴史的な転換期の浮き沈みの度合い、暴力の度合い、不愉快さの度合いをかなり軽減できる。私のような「斜陽主義説の輩」にとっても、まあ、慰めになると思う。

さて、米国仁政説の立場をとるケーガンに話を戻そう。ケーガンは先の論文でこう続ける。

民主主義を例に取ろう。数十年間、権力バランスのおかげで、民主主義政府が有利な立場にあった。真に「脱」米国の世界なら、独裁的大国の権力が増してくる。すでにロシアおよび中国がシリアの独裁者アサドを庇護している。両国が将来影響力を増していけば、民主主義への移行が少なくなり、権力にしがみつく独裁者が増える。（……）

多くの人によれば、現代の世界秩序は人類の進歩の必然的な産物である――技術開発、ますますグローバル化する経済、国際機関の強化、国家間行動が共通な規範の進化に規制されること、自由民主主義的政治政体が必然的に他種の政体に優越する傾向。つまり人間や国家を超越する勢力の帰結であると。しかし、それは間違っている。第二次大戦後に創造された世界は、なんら必然性がなかった。

国際的秩序は進化の産物ではなく、強制されるものである。一国のビジョンが他国のビジョンとの葛藤においての勝利に起因する。……現在の秩序は、それを是とし、その恩恵を蒙っている人たちが、それをとことんまで防衛する意思および軍事能力があってのみ、存続できる。

†上海からの声

同じく、「世界秩序は米国が作った」説をとって、まったく違う展望を広げるのは、「ニューヨーク・タイムズ」紙へ寄稿した、在上海のヴェンチャー資本業のリ（Eric X Li）である（名前から察すると、中国系の米国人）。

彼は、イギリス一七世紀の政治哲学者ホッブズの「リヴァイアサン」の形容を使う。[57]

冷戦終結後米国は普遍的な世界秩序の理想を実現しようと、勇ましくも、世界のリヴァイアサンの役を演じる決意をした。紛争が軍事力によってではなく、普遍的なルールによって解決されるように、多数の軍事同盟を結び、国際法・国際機関の強化を図った。貿易面でも、金融面でも同じ制度作りをした。世界の裁判官、同時に世界の警察の役割も引き受けたつもりだった。……

おかげで世界の多くの国が繁栄してきた。戦争があまりなかったことや国際貿易、国際金融を推進しその制度によって、多くの開発途上国に急速な経済成長がもたらされ、より先進している国では、福祉国家を可能にした。

つまり、多くの国がその制度にただ乗りしてきた。ただ乗りでもっとも目だって成功したのは中国である。それをとがめる理由はない。ただで乗ってくれと言われて断るのは馬鹿だから。……

しかし、一九九〇年以降の冷戦後の米国とリヴァイアサンとは異なることを示す重要な点がある。

ホッブズのリヴァイアサンは統治下の世界の個々の利害関係を超越した存在である。自らは利害関係の衝突に参加していない。ところが、米国は人口三億一四〇〇万の国家として、利害関係を大いにもっている。

冷戦後の短い期間は、米国はリヴァイアサンの役割も自国の利害関係を推進する参加者の役割も、同時に演じることができた。その短い期間はもう終わった。

両役を演じようとする努力のコストは高かった。同じように続ければ、国家倒産——経済的倒産および社会的倒産——をもたらす可能性が高い。たった一世代のその努力によって、負債の山が高まった。中流階級が崩壊しつつある。産業が空洞化され、社会インフラが機能不全、教育制度は予算が不十分、社会契約は反故になりつつある。ただ乗り国家の重荷が、リヴァイアサンになろうとしてきた唯一の参加者を押しつぶしている。

南シナ海で演じられているドラマはそのひとつの例だ。米国の友好国と自負するフィリピンやベトナムは、自国の利益のために中国を規制しようとして、例の「リバランシング」をフルに利用しようとしている。（……）米国は古い友達・新しい友達を奨励するレトリックを使うが、決して、米国が欲しない中国との衝突をきたすまで彼らを勇気づけたくない。（……）

しかし、止められない。米国のエリートは依然として、米国のリヴァイアサンによって署名された、米国を覇権国とするグローバル化構想への彼らの投資はあまりにも大きいから。

結果として、米国の国運が不可逆的に衰退してきた。米国人の将来が担保に入れてある。（……）リヴァイアサンにとって、足が不自由でもなるべく前進するしかない。

投稿の見出しは、「頑張れリヴァイアサン、もう少し頑張れ！」と。

†古狐の展望

ＦＡ誌の「中国に追い越されるだろうか」論争のもう一人の参加者は、七〇年代に米中外交関係をつくったキッシンジャーである（Henry A. Kissinger）。ＦＡ誌の小論は、近く中国について出る彼の本の要約だそうである。時折ホンネをチラッと見せる建前を厳かな英文で述べるキッシンジャーだが、言うことは面白い。そのおおよその趣旨はまとめればこうなるだろう。「難しいことではあるが、米中の対立を軽減して、協力をすすめる方法があるはずだ」。

キッシンジャーは、オバマ・胡錦濤の二〇一一年一月の会談で、両大国の協力体制を約束する声明を冒頭に引用する。しかし、協力よりも米国のホンネはあくまで対立強化を推進したいようで、中国が民主主義国家になるまで敵対的に「体制転換」を中国に強いるように、軍事的・思想的圧力をかけなければならないとする。第四章でふれたフリードバーグ（第四章九一ページ参照）を以下に引用する。

外交的丁寧さを剝ぎ取って言えば、米国戦略の究極的目標は中国の一党支配権力制度を取り除き、自由民主主義体制に変えさせる革命——なるべく平和的革命——を早めることとすべし。

キッシンジャーによると、こういう考えをする米国人は少なくないし、米国の主流派の姿勢も同調しているという。たとえば、毎年国会に提出される中国についての防衛省報告は、中国が西太平洋における覇権を握り、アジアの排他的経営権を築こうとしていることを前提にして書かれている。

それが実際の中国の戦略的な目的であるとは、中国政府の代表は誰も言っていない。否、いつも反対のことを強調する。しかし、中国の半政府管理下のメディアやシンク・タンクの報告を読めば、米中関係の方向づけは、協力ではなく、対決へ向かっているという説を裏づける材料がかなりある。

中国人にしてみれば、米国は中国の「崛起」を妨害する決意が根強くて、米国が中国に「協力」するのは、中国が歴史的使命（世界の中心たる中華になること）を達成できない状態を援助するときだけである。

キッシンジャーは軍事面ばかりでなく、経済面での排他的競争も不毛だという。TPP（環太平洋戦略的経済連携協定）にも触れている。

オバマ大統領が中国にTPPに参加してはどうかと招待したのだが、中国の国内制度の根本的な修正を要する条約であるので、中国は受け入れられないのは当たり前である。（……）中国がそれに対抗して、ASEANと、そして北東アジアの日韓との貿易協定を提案している。

もし、中国と米国がお互いの貿易協定を、相手国を孤立させる手段として使うなら、アジア太平洋地域が競争する二つの権力ブロックに進化していくだろう。皮肉なことだが、中国が米国のたびたびの要求に応じて、輸出志向の経済から、国内消費志向の経済に移るなら、(中国の最近の五カ年計画がそれを目指しているように)なおさら厳しい挑戦となる。米国市場に対する中国の関心が低下すると同時に、他のアジア諸国経済の対中輸出志向を奨励するからである。

リヴァイアサン論で米国の覇権を擁護したリと同様に、キッシンジャーにとっても、唯一の楽観材料は、カオス恐怖論である。第一次大戦前、強国の指導者が、戦争の結果どのようなヨーロッパが生まれるかを予言できたなら、第一次大戦は起こらなかっただろう。緊張した冷戦のときや、中ソ決裂が起こった時にくらべれば、世界経済は遥かにグローバル化されていて、決裂のコストが計りえないほど高い。

結局、中国の「崛起」は、「勃興」でなくて「帰興」だと思っている。三〇〇〇年もの長い歴史をもつ中国は、そのほとんどの期間を中華文明の中心国としてゆるぎない地位を維持していたが、近代への移行期に生じた自国の内部紛争に乗じて西洋諸国によって搾取され、一時的にその座を降りさせられた。

そのような歴史をもつ国に対して、「責任ある」行動とか、「おとなになれ」などとお説教すること自体が、余計に苛立たせることだと米国人は意識する必要がある。

両国にとって重要なことは、お互いの活躍を脅威として感じるのではなく、国際社会の常識の範囲に属することだと冷静に認めるべきである。米中関係のあいだに対立が時折起きるのは、中国が意図的に支配権を構築しようとしているからであるとか、米国による封じ込め政策のあらわれだと考えてはいけない。両国が相手国の行動を冷静に解釈し、対立手段を適切に選択できなければ、米国と中国が大国競争にありがちなダイナミクスを超越することはできないだろう。しかし、世界に対しても両国自身に対しても、大国競争を超越するよう努力する責任がある。

キッシンジャーの「願わくは」には、まったく同感である。しかし、結果的にそうなるだろうとして挙げられる材料は乏しい。

彼が言うように戦争を米中が回避するにしても、いずれ中国が西太平洋の覇権国になることを予想している事実は容易に読み取れる。決定的な武力的対決がなくとも、小さな外交的対立の局面において、米国側がズルズルと譲歩を迫られる事件が重なる結果、西太平洋での米中の勢力均衡は変化するだろう。

†立役者・日本が将来をどう見ているか

以上のような米国における活発なシナリオ描き論争は、残念ながら、日本の論壇ではあまり見られないようである。西太平洋の勢力バランスについて、日本で多くの識者に共有されている考え方は、むしろキッシンジャーの指摘に依れば、米国の主流となっているペンタゴン見解である。たとえば、経団連のお偉方を評議員として召し抱える外交専門シンク・タンクがエリート思想の典型だろう。その傾向は、米国の「巻き返し」の五年前にもすでに、発表された「新しい脅威と日本の安全保障」（日本国際フォーラム政策委員会、二〇〇五年）という「政策提言」のひとつの章タイトルにすでにあらわれていた。それは次のようなものだ。

> 北朝鮮、中国の「更新」された脅威に対しては、複合的対応と日米連携の必要を忘れるな

今年（二〇一二年）六月のニューズ・レターで、鍋島敬三という共同通信出身の評論家が、野田総理のオバマ訪問を「失われた三年の代償」という題で、褒め称えている。二〇

〇九年の麻生訪問以来三年ぶりのワシントン参りである。まず鳩山政権の普天間問題のせいで、二〇〇九年に予定していたワシントン訪問がおじゃんになって、「日本が米国の信頼を失って、二国間関係が悪化した」と鍋島は述べる。

次の総理大臣菅直人も米国大統領との正式な会談をできなかった。絶えず大きくなる中国の軍事的な脅威、北朝鮮の核兵器やミサイル技術の開発、ロシアの東洋における軍事力強化の時期であったのに、普天間問題に縛られた民主党政権と米国の協力関係は袋小路に追い詰められて、日本の利益が大いに阻害されていた。

†八方美人？

共同通信のOBがそうなら、「朝日新聞」の元編集主幹だった船橋洋一（現在、日本再建イニシアティヴ財団理事長）は、終生変わらないはずの親米派の立場を少し考え直している気配がある。二〇一一年の五月、イギリスで講演ツアーをしたときに「ファイナンシャル・タイムズ」紙に書いた論文は面白かった（実はその投稿に対する反論を書いて、載せてもらえなかったことで、この本を書くことを決意させてもらった！）。

「日本は中国にくっつく以外に選択肢はない」という見出しで、東日本大震災による国内サプライ・チェーンの断絶を補うのに中国が果たした重要な役割などを例にとって、主として財界の大物との夕食会における対話を記録した。

地震と津波により破壊された日本の部品供給中小企業の工場を、日本ではなくて、中国で再建した方がいいと述べている。中国にとっても技術移転につながるので、大いに歓迎されるだろう。中国も震災後の救済事業への貢献として、海上病院を送るオファーをしたことは、中国もより密接な日中関係を欲している証左であると船橋は続ける。

中国が援助を申し出たのは、市場開拓が動機の一環だったかもしれない。あるいは、当時中東で生じていたジャスミン革命が中国に派生して反政府革命が起きることを恐れたのか、米日の最近の共同演習に脅威を感じたからかもしれない。動機は何であれ、日本はその好機を失ったら大いに損をするだろう。

温かい日中関係の夢を描きながら、船橋はこう続ける。

強力な日米同盟は、アジア太平洋地域の平和、安全の鍵であるということには変わりはない。同時に日中のより安定な、より相互信頼に基づいた関係を築くことは、日本の再建に欠くべからざる要素である。日本がグローバルな大国であり続けるかどうかの決定要素である。政府開発援助(ODA)の予算を作るときの態度は、この決意をはかる重要なテストになろう。

船橋がそう書いたのは、野田総理が、経済援助の予算のなかから、中国と対立している隣国へ巡視船を供給することをオバマに約束した一年前である！　総体的にいって船橋はなんとナイーヴな歴史観、世界観の持ち主であろうか。キッシンジャーが望んでいるように、米中関係はいつも対立の火種がくすぶりながらも、大人らしく相互規制された関係を築くのに成功したとしても、依然として通常の軍事力競争の激しさは低減しないだろう。その時、日本がドイツを凌ぐ軍事力をもって、米国の戦争準備体制に一〇〇％統合されているとしたら、それにかかわらず、政経分離、軍経分離を貫徹して中国と親密な友好関係を保てるという主張である。船橋さんはお人好しとしかいえない。

第二部
まぼろしの核兵器

イスラエルの国旗を燃やすテヘランのデモ隊　© PANA通信社

第七章
核不拡散という至上命令

†米ソ冷戦が遺したもの

二〇一二年の六月の終わりに、有名な「冒険記者」ニコラス・クリストッフが「ニューヨーク・タイムズ」紙に、自分の子供を二人連れてイランを車で横断した記事を三、四回にわたって連載した。書き出しは、「そんな恐ろしい国になぜ子供を連れて行くのか、親としての責任を感じないのか？」という一文から始まる。彼の旅行計画への友人の反応が一様にそうだったと言う。みんなが驚いて騒いだのは、いかに米国人の抱くイランへのイメージがへんてこなものになっているかの証拠だというのである。

連載では旅を通じて感じたイランの素顔が描かれる。警察の盗聴を恐れずに喫茶店で「危険思想」をのべるイラン人、女性がいかに服装法の規則を馬鹿にしているか、禁じられているはずの海外TV受信の衛星ディスクをいかにしてイラン人がこっそり手に入れるかなどについて綴られている。イランは、米欧からの経済的・軍事的圧力が、猛烈なナショナリストに国内圧迫の口実を与えさえしなければ、ゆくゆくは自由なよき社会に進化する可能性は十分あると結論する。そして次のように付け加える。

誤解しないでください。私はイランを買いかぶっていると思わない。前回の二〇〇四年のイラン訪問で、警察に捕まり、CIAかモサドのスパイだと告発された。過酷な拷問を受けた人たちとも話した。イランが核兵器を開発しようとしていて、もし配備すれば、それはグローバルな核不拡散体制にとって、大変大きい、場合によって致命的な、打撃となると思っている。

それでも、楽観主義者だと。

ここで強調したいのは、クリストッフのイラン進化論が正しいかどうかではなくて、クリストッフのように開明的な米インテリでさえも、前提としている常識である。私は彼の見識も尊敬しているし、彼の客観的にものを見ようとする姿勢は立派だと思っている。しかし、クリストッフのように、あらゆる「当局」を疑う習性をもち、目の前の事実を偏見なく伝えようとする米国人でさえも、核不拡散の原理については、人類が徹底すべき普遍原理として一抹の疑いももたずに自明視していることには少し驚く。少数の例外を除いて、米国の左派系のインテリは概ね同じ考え方をもっている。

それが普遍的な常識になっているのはPacta sunt servanda.（条約は守るべきものだ）——という原理の問題だけではない。「核兵器をどの国ももつようになると、いつか、どこかで核戦争が起こる確率が高くなる」という命題を誰も疑わないからである。この命題を信じる者は、どの国であっても、核保有国があらたに一ヵ国増えると、世界平和への脅威がそれだけ増してくると考える。

しかし、実際はそうではない。イスラエルとイランの関係の非対称性の方が、核兵器の使用の確率を高める。イスラエルがイランの核兵器開発を（幾年間か）遅らせるために、イランのウラン濃縮施設を爆撃したとすれば、地下深くまで掘ってあるその施設を破壊するために、通常の爆弾ではなくて核弾頭を搭載した爆弾を使うかもしれない。ところが、イランが核兵器を持つようになれば、テルアビブやエルサレムが全滅するリスクを恐れて、イスラエルは二〇〇発くらい保有している核兵器を決して使わないだろう。

ところが、もしも現時点でイスラエルがイランを爆撃したなら、核不拡散を至上命題としている「西側陣営」では、次のような理屈でイスラエルの爆撃を正当化する可能性が高い。「爆撃は残念なことで、しないに越したことはなかった。だが、核不拡散条約に照らせば、イスラエルの爆撃は正当化できる。イランが核兵器をつくることはどうしても制止しなければならないのだから」。こうしたロジックが、米国、日本、イギリスではおそらく九五％の人びとに常識として認識され、フランス、ドイツではその比率はまあ五〇％だろうか。

つまり、イスラエルの攻撃が正当化されうる核不拡散条約が存在する現在より、この条約の規制がないほうが、核戦争が起こる確率は低い。

この事実に気づき、「イランに核兵器をもたせよ」という論文で、二〇一二年七・八月号のFA誌を騒がせたのは、ケネス・ウォルツ（Kenneth Waltz）である。[58] ウォルツは二〇年来、[59] 核不拡散条約の批判者として、米国のほとんど唯一の異端政治学者として知られているのだが、最近になって味方となる政治学者が幾人かあらわれた。その最近の論文を次章で分析する。

ところで、私は前段で「西側陣営」という言葉を使った。どうしてこんな古臭い言葉を使うのか。米ソ冷戦はとっくに終わったのではないか——といぶかしむ読者もいるだろう。

しかし、現実はそうではない。経済的には、三〇年前の米ソ冷戦時代のブロック化ほどには、現在の境界線はハッキリしていないが、地政学的、軍事同盟的な観点からすると、シリアやイランをめぐる最近の激しい対立は依然としてハッキリしている。冷戦がなくなったのではない。中国が最後の局面で米国に加担した米ソ冷戦は死んだが、その遺された子として、米中対立と米ロ対立という二つの冷戦が産まれただけの話だ。それと、米国とイスラムのゲリラ熱戦と。

†対岸の火事ではない

第一章で、過去二〇年を振り返ると、世界情勢・国際関係が悪化の一途をたどったように思えてならない理由を述べた。ところが、より長い目で見れば、たとえば、明治維新の頃の一世紀半前の世界に比べると、相当に進歩してきたといえる。交通と通信の分野におけるはなはだしい技術開発、およびその低廉化によるグローバル化は、世界に良いことばかりをもたらしたわけではないのだが、国際協力による国際機関のネットワークがますます緊密になり、国際機関が普遍的な価値を実現するために人類の進歩に貢献している。国際機関のなかには、大国を利するように制度設計されたものもあるが、そうした難点を差し引いても、補ってあまりある恩寵を世界にもたらした。このことはすでに述べたとおりだ。

ひとつだけ重要な例外がある。核不拡散体制である。誕生した当初は、人類の進歩に貢献すると考えられていたが、今となってはむしろ弊害のほうが大きい。

本書では以下において、日本が率先して現体制の代替案を提示することの合理性を説く。理由のひとつは、「人類のため、平和のため」という理想主義の観点からの論法である。もうひとつは「国益のため、安全保障のため」というリアリズムの観点からの論法である。

要約すれば、日本の政界・メディアが前提としている、日本を取り巻く国際環境の想定は、甘いというか、自己欺瞞に満ちているというか、とにかく間違っている。厳しい現実をもう少し直視すれば、米国への従属的な依存が、永遠に有利な選択肢ではありえないという結論にしか到達しえないはずだ。そのことに気づけば、現在の核不拡散体制にかわる新しい核兵器管理体制を提唱して、米国との軍事同盟をゆるやかに解消することは、日本の安全保障にとっても、日本の国際的名声にとっても、「人類の進歩」にとっても、豊かな実りをもたらしてくれるように思う。

第八章　イランの核

イランの核開発については、世界中から疑いの眼差しが向けられている。だが、イラン政府による公式の発表は、「イランの原子力開発プログラム、とくにそのウラン濃縮施設のさらなる建設は、平和的利用しか目標としていない」というものである。

それはウソだと誰もが思っている。当たり前である。反イスラエルを国是とし、第二次大戦のユダヤ人大量虐殺は歴史家のでっち上げだとさえ言い放った大統領を戴く国が、イスラエルだけが核兵器を独占保有する現在の中東情勢を変えようとするのは、よく分かる。イランにとってみれば、イスラエル・イラン関係の非対称性を是正し、中東地域に新たな勢力均衡をもたらそうとしているだけの話だ。

前章で言及したウォルツ論文が次のように述べる。

イスラエルの中東における地域核兵器独占は珍しくも四〇年も続いた。前々から、中東における不安定状況の火種であった。世界の他のどの地域を見ても、一カ国だけが核保有国で、核報復に抑止されていない地域はない。目下の危機の原因には、イランが核兵器を持とうとする動きよりも、イスラエルの核保有の方がより大きな貢献をしてきた。何しろ、権力は均衡を回復させる権力を呼び起こす。イスラエルの場合、むしろ不思議と思わなければならないのは、そのような権力均衡の候補者が出現するまでにこんなに長くかかったことだ。

彼の論法をより詳しく説明することは、本書の読者にとって価値あることだと思うので、少々長くなるが引用する。

危機の結末は三つ考えられる。まず、外交力や制裁の圧力でイランが核開発を断念するということ。だが、この可能性はほとんどない。……北朝鮮を例に取ろう。安保理事会の決議案や、経済制裁のラウンドを何回も重ねたにもかかわらず、核兵器をつくるのに成功した。……事実、制裁に制裁を重ねると、イランがより脅威を感じ、究極的な抑止力を持たなければという意識を強化させるだけだ。

第二の可能性は、イランが核兵器実験はしないが、暴走能力（breakout capacity）まで到達することだ。つまり、専門家が日本はすでにもっていると考えるような、短期間で核兵器製造・実験ができる知識やインフラをもつことだ。……

実際の兵器と同程度でなくても、安全をある程度保障しながら、国際的孤立や弾劾を避ける方法として、国内のタカ派の要求にこたえるかもしれないが、そのように機能しないかもしれない。

米欧諸国はそれで満足するかもしれない。しかし、イスラエルはもうすでにイランに相当な濃縮能力をもたせることだけでも、脅威だとハッキリ感じている。……イスラエルは、ホンモノでなく、ただのヴァーチャルな核能力には抑止されないだろう。サボタージュや暗殺によるイランの核開発プログラムの破壊を続ければ、イランに「暴走能力」だけでは安全でありえないと結論させるには十分だろう。

第三の可能性は、イランが計画通り、核実験を行なって、核保有国になることである。米国も、イスラエルも許しえないことだという。イランが核保有国になったら、まったく恐ろしい展望が開ける。両国の存在さえ脅かせられると。歴史的にいえば、隣国が核兵器開発を始めるとき、大国がいつも発するレトリックである。ところが、今まで、もう一国が核保有クラブに割り込むのに成功すると、そのメンバーが頭を冷やして、共存やむを得ずという姿勢に変わる。

事実、権力の不均衡状態を是正して、新核保有国の出現は地域や世界の不安定要素より、安定状態に貢献する場合がおおむね多い。

†ウォルツ論法を裏づける事実

以上指摘したように、ケネス・ウォルツが前々から論じていることだが、広島、長崎以来核兵器をつかう戦争が起こらないのは、核兵器は事実上使えない兵器だからである。どんなにならず者の政府であろうが、報復の可能性を恐れない政府はないはずだ。先の引用で見たように、今のところ報復を恐れないほとんど唯一の国が報復を恐れるようになると、世の中がより安全になるだろうという説は、彼の従来からの持論の延長線上にある。

もう一人の米国異端政治学者であるジョン・ミュラー（John Mueller）が、二〇一〇年に出版した本のなかで、ウォルツがいかに米国の政治学界で無視されてきたかを憂えている[60]。「核の抑止力・防衛力を持つ国が多くなれば多くなるほど、戦争が起こる可能性は減少する」とウォルツが二〇〇三年の本で書いたのは、ミュラーに言わせれば、少し言い過ぎかもしれないが、学界でウォルツの主張が黙視されているのは全く不当であるという。

「核が拡散するか否かによって、世の中はさほどかわらないのだが、拡散奨励はあまりいい考えでもない」。しかし、とミュラーが続いて主張する。「核不拡散条約を維持するための紛争が核兵器の拡散の予想結果より、よっぽど多くの人命を奪いそうな危険性を孕んでいる。つまり、核不拡散条約の紛争刺激機能は、その紛争抑止機能に勝っている」と。[61]

†現実主義の戦略論——感情的な国威論

もっとも、核兵器保有の選択は、合理的な安全保障上の政策だけによって導きだされるものでは決してない。国威、国家のアイデンティティといった要因も大いに絡んでくるからである。

まず、核保有国になろうとする国の動機について考えてみよう。この点については、イギリスに有名な逸話がある。イギリス労働党の左翼の大家、アナイリン・ベヴァン(Aneurin Bevan)は、イギリスの核兵器武装解除を目標とした、CND(核非武装委員会)の主要メンバーだった。だが、一九五七年に有名な「転向演説」で、「英国外務大臣を「裸で」国際サミットに送るわけにはいかない」と主張した。演説の動機については解釈がいろいろあるのだが、核を保有しているか否かが、国際関係における国威・国家の存在感・外交力に大いに影響することを前提にしていたことは事実である。

フランスの場合、それがより明白である。第二次大戦後のフランスは、インドシナやアルジェリアなどの植民地における独立運動に負けつづけ、国威の点でも国民の愛国的自信の点でも、完全にしょげていた。[62] 新憲法で大統領となったド・ゴール将軍は、第二次大戦中、ナチスにフランスが敗北した後に結成された「自由フランス軍」で将軍としてレジスタンスを指導した経歴をもつが、チャーチル英首相やローズヴェルト米大統領の戦時中のメモによれば、ド・ゴールが常に英米に対してフランス独自の存在感を意識させようとするので、彼の動きには悩まされていたという。その努力の延長として大統領になったド・ゴールは、大国としての威信を回復することを、フランス外交の第一の政策目標としていた。フランスの核保有はその目的に向かったひとつの重要な手段だった。米国に対する独立宣言でもあった。同時に米国率いるNATOから脱退し、「われわれの核兵器は、tous azimuts――東にも、西にも向けられるものである」とド・ゴールが宣言した。米国の脅威となる意図は皆無であり、実際に国防手段として使うことを想定しない、まったくの国威発揚の手段であった。二〇〇三年のイラク戦争で再び米仏関係が乖離したが、対米関係を築きなおそうとするサルコジ時代になってからフランスが正式にNATOに入り直して、「西側諸国」の一員となった。

国威発揚という動機にもとづいて、核保有を選ぶ国はフランスだけではないだろう。

北朝鮮やイランの場合も、防衛のための抑止力という理由ばかりでなくて、国内の世論や国際社会の会合を意識して、核保有国になろうという動機もかなり強かろう。

「国威発揚」という言葉は、（とくに一九四〇年代を覚えている日本人にとって）好ましくない余韻を持っている。「国威」よりも、「アイデンティティ確立」といった方が良い場合が多い。つまり、大国から威圧されている状態に陥っている国が、押しつけられた規制をはずして、自国の独立を大国に対して主張する動機が動いている場合が多い。それを妨げる制約としての核不拡散体制を無視して、密かに核兵器開発を始める国も少なくない。

ブラジルのある核問題の専門家によると、ブラジルでは、「核不拡散体制は、政治的目的で作られ、米国に与えられた道具である。国際的規範と称して、米国がブラジルに、そして他の大国がより弱い国に対して、一方的に自分の意思を通すための道具である」[63]と考えている者が少なくない。石原慎太郎東京都知事にしても、彼が日本は核武装すべきだと主張してやまないのは、米国から独立するきっかけとなるからである。

「日本は核をもたなきゃだめですよ。もたない限り一人前には絶対扱われない」

「世界の国際政治を見てごらんなさい。なんだかんだ言いながら、核をもってる人間は、マージャンでいえば一翻《イーファン》ついてて上がれるけど、マージャンやっている人は分かっている、一翻がついていない人間は絶対に上がれない」[64]

†核兵器は事実上使えない兵器である

以上述べた、ウォルツの論点のもうひとつを引用する。

今まで（の歴史を振り返れば）、（敵対関係にある二国のうちの）もう一国が核保有クラブに割り込むのに成功すると、そのメンバーが頭を冷やして、共存やむを得ずという姿勢に終わる。

その一例として、北朝鮮の核兵器を世界がほとんど消化してしまったことがあげられる。衛星打ち上げなどで、米国・日本への嫌がらせをすることはあるが、核兵器を使用する心配はあまりないだろう。東京の市民は毎晩寝るとき、大地震が来るかもしれないと頭のどこかに不安の雲が漂っているのだろうが、北朝鮮の核ミサイルで東京が破壊されることを心配して寝る人はいないだろう。最近おきた、金家の世代交代の混乱の時でさえも。

イランでも、イスラエルが戦争さえ仕掛けなければ、同じことになるだろう。フランスの前大統領シラクが二〇〇七年の二月、イランが核武装してもたいしたことないと、記者会見でいった。「イランがどうするというんだろう。核ミサイルを放ったら、大気圏に二〇〇メートル入る前に、テヘランが全滅だとイラン人が知っているはずだ」。ワシントンやテルアビブからどのような電話が来たか知らないが、次の日、「問題の扱い方が多少軽すぎたかもしれない」と前日の発言を修正した。しかし、その最初の「失言」はホンネだったに違いないし、間違った判断でもなかった。

†なぜ核兵器が使えるものではないかの理由

事実上、自国が大きな損害を受けずに核兵器が使用できるのは、先制攻撃で相手の報復能力を完全に破壊してからである。長崎の爆撃から現在までの半世紀の間に、核兵器を使う国があらわれなかったのは、それが不可能に近いことであるためである。

たとえば、中国が米国との外交摩擦や、海上での対決などがいくら際どくなっても、中国政府が米国からの核兵器攻撃を恐れない理由は、米国から先制攻撃されたらロサンゼルスを破壊するだけの報復能力をもっているし、米国がそれを承知していることを確信しているからである。米国学士院のグループ研究[65]の題目にあるところの「Minimum Means of Reprisal（最低報復手段）」を中国がもっているからである。同様に、中国がときどき米航空母艦隊に嫌がらせをしても、挑発の範囲をこえて実弾で攻撃しないのは、中国の内陸奥地まで届く通常弾頭・核弾頭のミサイルを米国が大量にもっていることを北京は承知しているからだ。

イランとイスラエルの間には同様な対称性がないのは、イスラエルが、イランの核施設ばかりでなくテヘランも破壊できる軍事力をもっているのに、イランの普通兵器弾頭ミサイルによる報復の効果が確実でないことに由来する。

つまり、米ソ冷戦のとき、米ソ両国が賢くも、平和を維持するのはMADである――相互確証破壊である――という暗黙の理解にいたった。その均衡状態の崩壊を恐れて、ABM条約で、ミサイル防衛システムの開発に相互制限を約束した。冷戦後覇権強化を追求したブッシュ政権が条約から脱退して、(イランの脅威を口実として)ポーランドとチェコでミサイル防衛施設を建設した。それが依然として、シリアなど中東における衝突と同程度に、最近の米ロ冷戦の摩擦の原因となっている。

以上の論法は、私に言わせれば、圧倒的な説得力がある。それなのに、誠に不思議でならないのは、米国のイランに対する政策姿勢だ。つまり、イラクとアフガニスタンで手を焼いて、中東における軍事的介入がいかに現地に禍をもたらし、米国人が言うところの「血と宝　blood and treasure」の無駄遣いであるかを分かっているはずである。それにもかかわらず、オバマ政府が、イラク・アフガニスタンよりも手に負えない戦争のリスクをおかしてまで、イランの核開発は絶対に許されないと言い張り続けるのだ。その不可解の事実を理解しようと、次章ではその謎の歴史的背景を検討する。

第九章
米国・イスラエル・イランの三角関係

†世界覇権国の精神状態

キリスト教の聖書の終わりに、「聖ヨハネの黙示録」がある。神がかりの巫女の妄言のようなわけの分からない予言的な内容が象徴的な表現で書かれているのだが、そのなかの有名な終末的予言によると、ハルマゲドンというところ（イスラエルの北の方のメギドの丘を指していると思われている）において世界の最終戦争が行なわれ、キリストの善の勢力が、最終的に反キリストの悪の勢力を破壊する。その戦争が終わったら、キリストが再来するのだという。

これを、神がかった精神病者のたわごととしてではなくて、まじめに受け取らなければならない将来の予言として信じているキリスト教原理主義者は、米国の南部・西部に驚くほど多い。そして皮肉なことに、カトリック教会などが「キリスト殺しの輩」呼ばわりしてきたユダヤ人種のイスラエルを、キリストの善の勢力の前衛と考えている。

五年前（二〇〇七年）に、CUFI（Christians United for Israel　イスラエル支援のために団結するキリスト教信者）が創立されてから、毎週日曜日に「イスラエルを全滅させようとしているイランを早く爆撃しろ」というメッセージが幾千の教会説教で伝えられている。中東のモスクで、「サタン国アメリカを絶滅せよ」と叫ばれているのと同程度に。

キリスト教原理主義者のほとんどは共和党支持者だが、再選を最大の目標にしているオバマにとって、無視できない票田である。

その票田の大きさは測りにくいが、キリスト教原理主義のもう一つの信念は、世論調査で把握している。ダーウィン（Charles Darwin 一八〇九―一八六二）の進化論をめぐるそれである。原理主義者によると、ダーウィンの進化論は根本的に間違っていることになる。聖書が言うように、生命は神様がいっぺんに創ったか、さもなければ、進化は自然淘汰の結果ではなく、神様が創った計画通りに展開してきたと主張する（理知的デザイン説という）。累年の世論調査によると、最近の米国では創造説および理知的デザイン説の支持率が徐々に増加して、二〇〇九年には実に六四％になったという。[66] 明治時代に、神武天皇以来万世一系云々の思想が日本で普及したことが、日本の全体主義の一つの重要な要素となったことは読者もご存じのことと思うが、これを前例として、米国でも同様に展開しなければいいのだが。ハルマゲドン説はまだ創造説ほど普及はしていないにしても、無視できない要素である。

†ユダヤ・ロビーならぬイスラエル・ロビー

もうひとつの重要な票田は、もちろん、たった五〇〇〇万人かもしれないが、ユダヤ系の米国人たちである。先日、私がイスラエルおよび米国の中東政策を批判する小論を、米国の大学の六人の友人――気の合う、世界観を共にする友人――に送ったのだが、後で気がついたら、六人のうち五人がユダヤ系の人たちだった。ところが、私の友人のような左派系のインテリのユダヤ人はごく少数派である。ユダヤ系の米国人の大多数は――ユダヤ教信者であろうが、無信教であろうが――情熱的なイスラエル支持者である。湾岸戦争の後で、イスラエルが敵に囲まれているから助けなければならないと使命感に駆られ、イスラエルへ移民した米国人の数は二〇万にも上ったそうだ。パレスチナ人との和平協議を不可能にしている、(ヨルダン川の) 西岸占領地へのシオニストの開拓村・開拓市建設運動の活動家のなかにも米国からの移民は多い。

イスラエル・ロビーの古典的分析となったミアシャイマーとウォルト (Mearsheimer

and Walt）の論文によると、[67]

米国がイスラエルに与える直接的な経済援助は、毎年三〇億ドルにのぼり、開発援助予算の五分の一である。イスラエル人一人当たり年五〇〇ドルである。イスラエルはすでに裕福な産業国家で、一人当たりGDPがスペインや韓国と匹敵することを考えれば、気前のよさは際立っている。

他の被援助国とは異なり、援助の総額が四半期ごとに計上されず、会計年始に一回で支払われる。利子すら得るのである。軍事援助は、他国なら米国製品の購買に限るが、イスラエルの場合は二五％までは、自国の防衛産業の補助金に当てることができる。被援助国のなかで、援助の使い方について会計報告をしなくてもいい唯一の国なので、たとえば西海岸の開拓村建設など、米国が止めてもらいたい政策を実行するために援助をつかえる。そのうえ、新兵器開発のため、イスラエルに米国が約三〇億ドルを与え、ブラックホーク・ヘリやF16戦闘機のような新兵器を手に入れさせた。しまいには、NATO同盟国にも与えない秘密情報をイスラエルにあたえて、イスラエルの核保有を依然として見てみぬ振りをする。

「思いやり予算」なども含めて、ペンタゴンに毎年一人当たり約五四〇〇円[68]の「貢ぎ」を支払っている日本人は少し悔しく思うだろう。

もっとも、ユダヤ系米国人のイスラエル贔屓《ひいき》はぶれ始めたと言う説もある。

フィンケルスタイン（Norman Finkelstein）が最近の本で[69]述べているとおり、一九四〇年代にイスラエル国家が生まれたとき、ユダヤ系米国人は、シオニストの夢として実現したイスラエルに対してはかなり冷淡であった。というのも、当時のユダヤ系米国人は二世・三世が多く、彼らは反ユダヤ主義が氾濫する米国社会に適応するのに一所懸命であったからだ。情熱的な親イスラエル運動が起こったのは、一九六七年のいわゆる「六日間戦争」（第三次中東戦争）から、とくに一九七三年のヨム・キッパー戦争からだった。そして、最近になってから、とくにオバマが提案する中東和平案にイスラエルが協力する素振りもみせなくなってからは、イスラエルに対して批判的な人や無関心な人の数が米国でふたたび増え始めているとフィンケルスタインは言う。

確かに、伝統的なユダヤ系組織――ADL（Anti-Defamation League アンチ・デファーメイション・リーグ）、WJC（World Jewish Congress、世界ユダヤ人会議）、および一九五〇年代から明示的に外交ロビーとして活躍し、キリスト教右翼のメンバーでもあるAIPAC（America-Israel Public Affairs Committee）――のほかに、イスラエルに多少は批判的な立場を取る、ジェイ・ストリート（JStreet）という新しい団体が二〇〇八年に生まれた。ジェイ・ストリートはみずからの政治的スローガンを「Pro-Israel Pro-peace（イスラエル支持、平和支持）」として、パレスチナ国家の誕生こそが平和を導く唯一の道だとしている。この政治原則に対しては、「偽親イスラエル」と他の団体の代表から激しく罵られることが多い。これは米国社会全体に当てはまることではあるが、他党・相手の組織の個人を攻撃するレトリックは米国のほうがヨーロッパ諸国よりも激しいが、ユダヤ系の諸団体間で行なわれる論争はそれに輪をかけて激しい。

ユダヤ人ではない者が気をつけなければならないことがひとつある。それは、前述した団体はいずれも、「イスラエル・ロビー」を自負していて、「ユダヤ・ロビー」と呼ばれることを人種差別だと憤慨する、ということだ。

昔から、これらの団体の指導層は民主党に近い。二〇〇八年の選挙で、ユダヤ人の八三%がオバマ支持だったと推計されている。

†票田と金田――ますます切っても切れぬ関係に

票田はもちろん大事だが、オバマにとって同じように重要なのは、再選のための選挙運動の資金調達に欠くべからざる「金田」としての要素である。二〇一〇年に米国最高裁が、

（いわゆるSuper PACsを合法化して）公定選挙費規制が個人の自由を束縛するものとして、実質的に規制を撤廃してからのはじめての大統領選挙になるので、今年（二〇一二年）一一月の大統領選挙は、未曾有の、露骨な金権政治の選挙となりそうである。二月はじめのフロリダの予選でロムニー支援者が何億ドルも使ってテレビ広告を洪水のように流し、ギングリッチの優位性を覆した。この例からも、Super PACsの影響力は実証された。ギングリッチが選挙戦を振り返って、次のように述べたという。「ロムニー氏は一〇億長者（billionaires）を一六人持っていた。私は一人！」。

表沙汰になっている金権政治は、氷山の一角でしかない。Super PACsは、寄付者を発表しなければならないので、億ドル単位の寄付をした個人の大富豪は、自分の顔を広げることができる。ところが、権力者を買収するために金がどのように流れているのか、その多くの部分は隠されている。

「ニューヨーク・タイムズ」紙によると、米国商工会議所が、非課税法人として、今度の選挙に五〇〇〇万ドルを（もちろんロムニー支持に）使う計画を発表した。団体への寄付を多くの大企業がしている。

もっとも傑作なのは、アエトナ社という、米国の健康保険専門の保険会社である。二〇一一年の米国の政局において、オバマの肝いりで進められた健康保険制度改正案が、長い期間にわたってワシントンの中心的な闘争の論点だったとき、アエトナ社の社長がオバマを支持する演説をした。ところがその後、「米国行動性ネットワーク」（第三セクターの無税団体）にアエトナ社が三〇〇万ドルを寄付していたことが明らかになった。驚くべきことに、この団体が、健康保険制度の改正案を支持する国会議員を弾劾するために、数百万ドルにのぼる広告費を使ったという。[70]

とにかく、大企業のトップにも、個人的な資産家にもユダヤ人が多い。そして、彼らは政治家の買収に使える余分な金をもっている。国民の一％が米国全家庭の総収入の半分を占めるようになって、その一％が二〇一〇年のGNP成長分の実に九三％を懐に入れた。[71]

米国とイスラエルの切っても切れぬ癒着は、米国外交にとってのひとつの重要な制約である。もうひとつの制約は、北朝鮮では「先軍政治」とおおっぴらに言われていることとほぼ同義なのだが、米国ではこういうスローガンを（ペンタゴンの廊下以外では）あまり耳にすることがなくても、実際には選挙民にムードとして共有されている。「防衛強化」を約束しない候補者は選挙に勝てない。

中東では、イラク、アフガニスタン、パキスタン、シリアで軍事的な大失敗を重ね、自信満々のクリントン女史を国務長官にしても外交的失敗の連続でイメージが痛んでいるオバマ政権だが、その演説は米国選挙民の——「好戦的」は言い過ぎなら「好軍的」——感情にアピールする意図が明白である。オバマが演説で繰り返すテーマのひとつは、「米国の安全保障戦略の重点を中東から東アジア地域に移す過程では、防衛予算の編成を変えはするものの、自分が大統領である限り、ブッシュ政権の終わりの時の予算よりも大きい予算を防衛に回す」という約束である。「弱い」などと呼ばれるのはいちばん致命的である。

†独立独歩の国――イスラエル

米国との切っても切れぬ癒着にもかかわらず、イスラエルは日本やイギリスのように米国におとなしく従う衛星国ではない。国家をもたないのにもかかわらず、二〇〇〇年ものあいだ民族のアイデンティティを失わず、たった半世紀前にヒトラーの民族絶滅策の対象だった民族の粘り強さが、他力本願を排撃する独立独歩の精神を生んでいる。二〇〇〇年も臥薪嘗胆をつづけて、やっと自分たちの国家を得た誇りは強い。そして、ヨーロッパから移ってきた建国者世代がもっていた平等主義的な社会民主主義色が、世代交代を通じて薄れてくるにしたがって、国家に対する誇りがますます政治エリートの間で強くなり、さらなる軍事的表現を求めている。

イスラエルのもうひとつの特徴は、人口比率としては少ないかもしれないが、大変に優秀な人が多いことである。二〇〇〇年におよぶ、利口さや強引さでしか勝ち抜けない厳しい生存競争による自然淘汰のお陰かは知らないが、平均知能指数、日本でいえば「偏差値」が高くて、高度な技術開発には強い。人口一人当たり、米国での特許登録件数は日本に迫っている。[72]

†米国とイスラエル同盟の緊密性は時により変動

米国とイスラエルの癒着の度合いは時代の状況によって変わる。両国の関係は、先のブッシュ政権の時が最も親密で、二〇〇六年のレバノン侵攻は米国副大統領チェイニーとイスラエル軍部との（究極的にイランを目指す）共同作戦だったというもっともらしい説もある。[73]オバマ政権になったら、パレスチナ国家の成立を実現するための和平工作を復活させたが、この時期はちょうど、イスラエルの外交姿勢がさらに強硬さを増した時期と重なった。和平へのもっとも重要な障害となっている、ヨルダン川西岸占領地の究極的併合を狙うシオニストの開拓村・開拓市建設運動の拡大を制するよう、オバマがイスラエルのネタニヤフ首相に公式に呼びかけても、まったく聞く耳をもたない。両国のあいだに走った亀裂はまだ修復されていないことは、二〇一二年三月上旬に行なわれたオバマ・ネタニヤフ会談が冷淡な雰囲気で終わったことが示している。

†イスラエルの核兵器

イスラエル国家の存在権自体を否定するアラブ諸国、二〇一一年から外交関係が悪化したトルコ、その他にもイスラム教のイランのような敵国に囲まれて、イスラエルが存命のためには核武装するしかないと判断をするのにそう長い時間はかからなかった。一九五〇年代のアイゼンハワー政権の米国は、核拡散防止の線を厳しく守っていたので、イスラエルは完全に秘密で核開発を推進してきた。その時期はちょうど、アルジェリアやインドシナ戦争で落ちぶれたフランスを再生しようと、ド・ゴールが米英に伍するために「大国格」を誇示しようと核兵器を開発していた時と重なり、イスラエル・フランス両国の物理学者が密かに情報交換をして、両国は核兵器の開発に成功した。そのいきさつはセイモア・ハーシュの有名な本[74]に詳しく分析されている。

六〇年代に核不拡散条約が議題にあがると、米国は最初はイスラエルに核不拡散条約に調印するように大変な圧力をかけた。だが、条約に調印すればＩＡＥＡ（国際原子力機関）の査察をうけいれねばならない。水面下で進めてきた核開発が明るみに出てしまうため、イスラエルは頑迷に調印を拒みつづけた。秘密裡に核開発を進められないからである。イスラエルの抵抗は弱まらず、米国から最新の戦闘機を購入するのが危うくなるまで拒否をつらぬいた。そのときに、イスラエルが核兵器をもっていることがいよいよCIAによって確かめられたが、最終的には、ジョンソン米国大統領が見てみぬ振りをすることに決めた。

このいきさつはハーシュの本『サムソン・オプション』にまとめられている。サムソンは『旧約聖書』に登場する人物で、怪力で暴れん坊の英雄として描かれている。サムソンは、イスラエルの敵であるペリシテ人の神殿に縛られたまま連行されたが、柱を倒して異教の神殿を倒壊させ、ペリシテ人を大量に抹殺しつつ自殺を遂げる。

イスラエルは核兵器を一二〇〜一三〇発もっていると推計されているが、そのいくばくかが潜水艦に搭載されている。もしもイスラエルが全滅するような攻撃を他国から受けても(核爆弾二、三発で十分だろう)、怪力の英雄・サムソンのように、敵に一〇倍の大量抹殺を与える報復の保障はできているのである。

†最初の「アラブの春」

中東情勢における第三の立役者は、もちろんイランである。二〇一一年の春から北アフリカ・中東を襲った「アラブの春」は、二度目の春である。一度目の「アラブの春」は、今から六〇年前に訪れた。一九五二年にエジプトのナセル大佐が国王を追い出し、翌年にイランのモサデクが国王を追い出した頃のことだ。一九五一年にモサデクが英国系の国策石油会社施設を国有化し（イラン国営石油会社）、一九五六年にはナセルがスエズ運河の国有化を実施して、両国はともに欧米支配への決定的な挑戦を吹っかけた。

モサデクに率いられたイランの場合は、米国との関係を深くしたエジプトとは異なり、石油施設を国有化して欧米のメジャー石油会社を敵に回し、独自の道を歩み始めた。だが、一九五三年におきた英国の機密機関およびCIAの工作による軍部の反モサデク・クーデターで、モサデク政権は失脚して、シャー・パーレビ国王が帰国した。国王は石油収入で裕福であると同時に親米派で、米国の支持・援助に支えられていた。イスラム教徒のイラン人の目にはシャーは欧米の傀儡として映り、ついに一九七九年のムラー（イスラム僧）主導の革命で倒された。

革命の先鋭隊が米国大使館員らを五二人も人質にとって、元国王のイラン政府への身柄引き渡しを要求した。八〇年春、米国は軍事力による人質の奪還を試みるが、米国特攻隊の人質解放作戦は失敗した（ヘリコプターが軍用機に衝突して、引き返すしかなかった）。その醜態が主な要因で、カーター大統領が再選に成功せず、つぎのレーガン政権になって、アルジェ協定で四四四日後、やっと人質が解放された。

このしこりは長くつづき、それ以来、米国とイランのあいだには普通の外交関係さえ復活できていない。最近では、喧嘩の表向きの理由はイランの核兵器開発計画である。一九七九年のイスラム革命以来、米国、サウジアラビア、イラク、イスラエルなど、敵に囲まれているイランは核兵器の報復力をもたずに安全ではいられない——つまり二〇年前のイスラエルと同様な判断にいたった（スンニ派支配のイラクが、シーア派のイランを最も敵視し、八〇年代に八年間も戦争していたのだが、今は米国の愚かな侵攻のおかげで、イラクがイランのシーア派同士の同盟国になろうとしている）。

イランは民間用の核技術、核燃料を得るために、核不拡散条約に署名した。今でも、その条約の規制を逸脱していないと言い張る。核開発の研究は、原子力発電開発、アイソトープ開発のためだけだと主張する。しかし、ホンネでは核兵器作成を目指していることを疑う人は少ない。北朝鮮と同様、核兵器を完成して、もはや秘密裡にでは行なえないテストをする寸前に、核不拡散体制からの脱退を宣言するだろうというのが一般の推測である。

†いよいよ未知数となったエジプト

エジプトは一九五〇年代以来、軍部支配の擬似民主主義になった。その後もイスラエルと幾度か軍事衝突を繰り返したが、一九七八年に米国カーター大統領の仲介でキャンプ・デービッド合意を交わし、エジプトとイスラエルとの関係は和平状態——冷和状態というべきだろうが——になった。同時に、徐々に米国の軍事援助なしでは生存し得ない軍部支配となった。

二〇一一年の革命後でも、ムスリム同胞団の候補者であるモルシが大統領になるまでは、エジプトの米国依存の体質はあまり変わっていなかった。だが、軍部による支配がいよいよ揺らぎ始め、もうエジプトを「失う」のではないかとワシントンが心配し始めたのは、二〇一二年七月の上旬だったと「ニューヨーク・タイムズ」紙が七月に伝えた。[75]その後の進展は、早かった。モルシ大統領を無力化して、国会解散を命じて、完全に支配権を握っていたようだった軍部が、どういういきさつかは不明だが、急にモルシ大統領との対決に完敗した。モルシが大将を幾人か更迭して、優勢を取り戻した。本書を書いている二〇一二年八月二九日の「ニューヨーク・タイムズ」紙が、おやおやと、勢力図が変わってきたことを嘆いている。[76]

とくに象徴的なのは、テヘランで八月二九日開かれたNAM（非同盟国運動）の会合で、ワシントンが大慌てのようである。NAMは、一九六〇年代、ユーゴスラビアのチトー、インドのネルー、エジプトのナセル、インドネシアのスカルノ、ガーナのエンクルマによって、冷戦で米ソ両方に対する中立を宣言する運動だった。順番で、エジプトについで、新しく議長国になったイランにとって、孤立していないことを大々的に示す恰好のチャンスとなった。一二〇カ国の代表が集まって、「ニューヨーク・タイムズ」紙の社説がとくに遺憾と思っていたのはエジプトのモルシ大統領も参加したこと、国連の潘基文（パン・キムン Ban Ki-moon）事務総長も出席したこと。

ところが、さほど心配する必要はなかったらしい。開会の日に、エジプトのモルシ大統領が、反米勢力にフルに加担するつもりはないことを証明した。イランが支持するシリアのアサド政権に反対して、米国と同様、反政府軍を支持することを明らかにした。[77] もっとも、対米姿勢の結果であるかは疑問。エジプトの回教信者の九割が、米国が加担している、サウジアラビア、カタール、トルコ、など、反アサド勢力の国と同じスンニ派であって、イラク、イラン、ハマスなどのシーア派同盟と犬猿の関係にある。

†イランを核保有国にさせないための「あらゆる選択肢」

中東の諸関係は複雑怪奇であるが、ひとつだけ確たる機軸がある。最も強力な立役者である米国が、イスラエルという、中東における唯一の核保有国の核独占を永遠にすることである。

イスラエルは約二〇年前（一九八一年）に「自衛」を理由にイラクの核研究施設を爆撃して破壊し、五年前（二〇〇七年）にもシリアのそれを爆撃して破壊した。そのイスラエルでは、イランからの挑戦に同様に応えるべきだという意見が有力である。オバマ政権も、イランが核兵器保有国となると、核不拡散条約を破るだけでなく、中東における武装競争をひきおこし地域秩序を乱すことになるので、ぜひ止めるべきであると考えている。そのためには、さまざまな経済制裁を加えると同時に、(爆撃も含む)「あらゆる選択肢」を考慮するという立場をとっている。

二〇一二年三月上旬に行なわれた米国・イスラエルによるワシントン会談が不和に終わった要因は一点に絞られる。「いつ爆撃するか」。

イスラエルの主張はこうだ。「イランは新しいウラン濃縮工場を建設中だ。施設は地下深くの、通常兵器が届かない安全なところにある。もし工場が完成したら、核弾頭製造に必要な濃縮ウランを作るのは時間の問題。工場が完成する前の今たたかないと、取り返しのつかないことになる……」。

オバマ政権が「待った!」を掛けようとした理由は明らかだ。優先的目標は再選である。一一月の選挙前に爆撃が行なわれると、石油供給へ多大な影響がでるに決まっている。すでに高いガソリン代がさらに値上がりすることにでもなれば、イラク、アフガニスタンでの醜態にすでに飽き飽きしている選挙民の不興を買い、再選は難しいと判断したからであろう。

†ヨーロッパの対応

イラン核開発問題への関与者は、米国・イスラエル・イランという当事者の三国の他に、おもな立役者が二人いる。すなわち、ヨーロッパとウィーンにある国際原子力機関（IAEA）である。

ヨーロッパは、いままで英国と日本と同様に、米国が加えたイランへの経済制裁に歩調を合わせてきた（昨日、東京からヨーロッパへ送金しようとしたら、銀行から「イランとの商売と関係なし」という宣言をする書式にサインさせられた）。二〇一二年六月、米国ではイランからの石油輸出を困難にさせることを目的としたイラン制裁法が発効したが、（ヨーロッパも大いに不利になる）この制裁にまでヨーロッパが米国に同調して、実行しようとした。その制裁は、米国が一方的に敷いたもので、安保理事会で二〇〇六年に可決された制裁の内容を大いに超過したものである。二〇一二年六月二七日の安保理事会の会合で、ロシアの代表がそういう一方的な制裁は、安保理事会自体が制定した制裁の実行を邪魔していると不服を表明した。[78]

しかし、米国の国内法で制定した制裁は安保理事会の与える「正当性」を必要としない。イランとの取引をすべて米国当局に報告しない外国の銀行は、米国での銀行業認可を取り消される。おかしいのは、この報告義務は一方的な米国の国権行使に過ぎないものなのに、二〇一二年八月に、イギリスのスタンダード・チャータード銀行が、イランとの取引を米国当局に報告する米国内法の義務を怠ったときに、いっせいにイギリスの新聞もBBCも、「またも、銀行屋さんは全く道徳センスのない人物だ」という非難ばかりを繰り返したことだ。覇権国が道徳の原理まで設定できるいい例である。

シリアの内戦で、安保理五カ国のなかで「ロ中」対「米英仏」の亀裂が大きくなり、二〇〇六年にはイラン制裁の施行に合意した中ロは、いつ大っぴらにイランの味方に転向するのだろうか。

ヨーロッパは概ね従順に米国の制裁を支持して実行したが、二〇一二年一月にイランがホルムズ海峡封鎖の可能性をほのめかしたら、ヨーロッパも冷や冷やしだして、米・イラン会談を設定した。イスラエルが「実りのない会談に決まっている」「工場が完成するまでの時間を稼ぐための会議にすぎず、実質的な意味はない」と、いらだちを隠さず、暴走して独自の爆撃を始める可能性が強くなった。

†審判役?——IAEAの役割

イラン核開発問題における国際原子力機関（IAEA）の役割は、不拡散体制の慣例として、イランに査察官を送り、イランが核兵器開発を目指しているかどうかの報告を出すことである。二〇〇九年一一月までの一二年間にわたって事務局長を務めたモハメド・エルバラダイ（Mohamed El Baradei）は、米国およびイスラエルからは「イラン贔屓」と睨まれていた。というのもエルバラダイは、二〇〇四年の米大統領選挙のときに、米軍がイラクで行なった爆発材料の略奪についての報告発表を、最もタイミングの悪いときに行なったり、ブッシュ大統領が再選された二日後に米国のスタンフォード大学で、米国のイラクへの進撃によりブッシュ政権が世界の信用性を失ったという趣旨の演説をしたからだ。[79]こうした経緯があったので、次のＩＡＥＡ事務局長選挙では、米国がエルバラダイの再選を絶対に阻止するだろうことはあきらかだった。

それでも、エルバラダイは二〇〇四年と二〇〇九年にイスラエルをも訪れて、[80]中東の「非核兵器地帯」構想を提出して、二〇〇五年にＩＡＥＡとともにノーベル平和賞をもらった。だが、その後、彼も米国のあらわな敵意の対象となってからは、そういう構想を非現実的と認めたからなのか、主張しなくなった。しかし、依然として米国・イスラエルからは敵と見なされていた。

二〇〇九年以後、ＩＡＥＡの事務局長は、日本の外交官歴をもつ天野之弥である。エルバラダイに比べて、天野はイランに対して「きつい」ことは確かで、今年（二〇一二年）

の三月八日には次のように述べた。[81]

天野事務局長はCNNの取材に応え、イランが申告している核施設について、「これらの施設及び（核開発の）活動は平和目的だと言って差し支えないと思う」と指摘。「だが申告されていない施設が他にあるかもしれない。イランが核兵器の開発に関連した活動を行なったことを示す証拠もしくは情報も入手している」と述べた。

一昨年（二〇一〇年）、「ウィキリークス」が米国の秘密電報などを大量に公表したときに、米国の在オーストリア大使による、IAEAの事務局長選挙前の二〇〇九年のものも含まれていた。そのなかで事務局長ポストの有力候補者だった天野氏と会ってその印象を述べている。天野氏は、G7の主張を考慮に入れる必要はもちろんあるが、「重要な戦略的課題については、自分の立場は米国のそれと同じだ」と話したそうだ。[82]

†不拡散体制自体が問題

問題はそこだ。天野事務局長と在ウィーンの米国大使ばかりでなく、米国の政府もメディアも、日本の政府もメディアも、イギリス、フランス、ドイツの政府もメディアも、前提として共有している見解は以下のように要約できる。

核保有国が無数になったら、核戦争の可能性が必然的となり、人類絶滅まで視野に入る。核兵器保有はなるべく、責任を持って行動することが保障されている安保理事会の常任理事国の独占にして、他の加盟国が民間用の資材を買う権利を獲得するために、自国の核兵器保有の権利を放棄するという核不拡散条約しか、人類の安全性を確保する道はない。[83]

核不拡散条約のこの大義名分に疑問を挟む人は少ない。非加盟国が多くなるにしたがって、条約は破損されていることを認める人でも、何とか修理してふたたび機能する条約にすることが可能だと主張する。たとえば、米国の専門家で、核問題についていちばん開明的で、インテリのなかで権威のあるグループは、米国芸術科学アカデミーの Global Nuclear Future（GNF、核のグローバル将来）グループである。その共同会長スティーブン・ミラー（Steven Miller）が、NPT加盟国の間での諸対立を分析する最近の報告書[84]でこう書く（「核不拡散条約」は、もどかしいので、以下、英語の略称NPTをつかう）。

NPT体制は重病を患っていることは常識となっている。機能不全だ。寿命があぶない。脱線している。ほころびてきている。言葉は違うが、意味が同じ。コンプライアンス欠如の危機、不備な査察、外交的摩擦や相互不信、拡散する核技術、条約加盟者の不満、あらゆる圧力を受けてだんだん侵食されている体制である。

それでも、米国芸術科学アカデミーの会長が同冊子の序文でこういう。

国と国のはなはだしい意見の対立がどのように操作され、最小化され、超越されうるかが将来の緊急問題であって、わがGNFグループの中心課題である。[85]

つまりNPTの「大義名分保存：壊れたところを修理」が出発点である。

†三つの論点

次章以下主張したいことは三点。

①NPTは現在、戦争をなくして人類の生存・発展に貢献するよりも、戦争が起こる確

率を高くしている効果のほうがより大きい。

②NPTはもう修理できる段階を通り過ぎた。廃止して新しい体制を考えなければならない。

③戦争のない世界への道のりは――ウェストファリア条約、ウィーン憲章、国際連盟の形成、国連の形成――個別国家が主権の一部を、平和という公共財のために、犠牲にすることを意味した。NPTもその例に漏れず。新体制として考えられる代用制度は、ある面で主権規制を緩め、同時に他の面で、もう一歩、今まで考えられなかった主権の犠牲を要求する。

第一〇章　朝に紅顔、夜に白骨――NPTの履歴書

一九七〇年の核不拡散条約を、日本が六年かけていよいよ批准したのは一九七六年。[86] そのときの外務次官は村田良平だった。村田氏は自伝のなかでNPTに関する一章をもうけ、その述懐は次のように始まる。

NPTという不平等条約がそもそも締結された際は、七割方の目的は日本とドイツの二国の核武装の途を閉ざすことにあった。[87]

村田によると、条約非加盟である四カ国の核保有（インド、パキスタン、北朝鮮、イスラエルの四カ国。イランを加えて、ゆくゆくは五カ国にはなるだろうと言う）および核保有の五大国（P5）が条約に背いて、いっさい軍縮しないことなどに鑑みて、NPTはすでに

「半分崩壊している」と述べている。だが、彼の論説は、一貫して日本の安全保障をどう確保するかという問題に絞られていて、世界の平和をどう確保するか、制度としてNPTに代わる体制が考えられないかという発想はどこにも出てこない。

†波乱の歴史

村田の「七割」は当たっているかどうかは判断しくいが、いずれにせよNPT条約がつくられる背景はきわめて複雑だった。その理由はいくつかある。すでに、第九章で書いたように、既存の核保有大国以外の国に核保有権を放棄させるために、米国が、イスラエルからNPT条約に調印する約束を得られなかったことが、ひとつの大きな混乱要素だった。それから、そもそも条約の内容が、村田が言うように、国際社会に階級制度を導入する不平等条約だったことも挙げられる。最終的には、大国が核軍縮を約束せざるをえなかった。条約の第六条には次のように書かれていたからだ。

各締約国は、核軍備競争の早期の停止及び核軍備の縮小に関する効果的な措置につき、並びに厳重かつ効果的な国際管理の下における全面的かつ完全な軍備縮小に関する条約について、誠実に交渉を行うことを約束する。

ところが、あまり誠実ではなかった。たしかに八〇年代の米ソ交渉によって、一九八〇年には通常兵器の使用禁止制限条約が結ばれ、一九八七年には中距離核戦力全廃が結ばれ、一見すると軍縮が進んでいるようにみえた。だが、村田が言うように、作戦力にあまり関係のない非主力兵器の軍縮は進んだが、これは国家支出を低減させるという意図からなされたことで、軍縮という本来の目的に適うものではなかった。むしろ弾道ミサイルの核弾頭がかえって増えたのである。同じ一九八七年に、レーガン大統領とゴルバチョフ書記長がアイスランドでのいわゆる「スター・ウォーズ・サミット」で会って、一九七二年の弾道弾迎撃ミサイル制限条約(ABM条約)の破棄を米国が提案した。この提案は成功しなかったのだが、核競争を必ずやエスカレートさせる提案だった(ブッシュ大統領が二〇〇二年に一方的に脱退して、それ以後にポーランドやチェコ共和国につくられた米国の軍事施設が、米ロ関係を悪化させる重要な要因となった)。

軍縮に向けて誠実に努力しないので、P5大国に対する不満が高まっていた状況のなかで、二五年間有効とされたNPT条約の期限が近づいた。一九七〇年の条約締結以来、条約の八条第三項の規定によって、五年ごとに全加盟国の総会というかたちで「NPT条約再検討会議」が催されることになっていた。条約の期限だった第六回の一九九五年の会議は、はじめて本格的な会議となった。
その背景として最も重要な要因は、ベルリンの壁が崩壊して国際関係が一変したことであった。転倒・混乱のなかで、冷戦に勝利した米国の影響力が増大した。幸いにして、クリントン大統領もオルブライト国務長官も、米国の国益ばかりでなく、国際社会の平和的法的秩序を建設することを多少は考慮に入れる人物だった。しかし、米国が音頭を取ってNPT条約の更新に一所懸命になっていたのは、主としてその理由だけによるのではない。カナダのある報告が書いたように、ロシアが、米国と権力バランスの取れた、互いに規制しあう冷戦相手ではなく、弱い不安定な国家に落ちぶれたことも一因としてあげられるだろう。つまり、ソ連のときは核兵器がお互いに最終的土壇場に使う兵器として位置づけられていたが、今は国の安全保障を確保するために主要な手段と見られるようになってきている。[88]
P5大国と非保有国が対立する論点は多岐にわたるが、そのひとつとして常に焦眉の課題でありつづけたのは中東情勢であった。会議で米国はあくまでイスラエルを非難する決議案に抵抗した。最終的には譲歩し、イスラエルにNPT条約への加盟、中東における非核圏の設定を呼びかける決議案が採択された。ただ、決議文案の段階では、「イスラエル」と名指しで指名するようP5以外の非保有国が圧力をかけたが、米国が最後まで頑なに抵抗して、最終的な決議文は「中東における未加盟国」という曖昧な言い回しを繰り返すだけだった。

†二一世紀――条約がさらにほころびてくる

二〇〇〇年に開かれたNPT条約の再検討会議は、その三年前から毎年「準備会」が開かれた。にもかかわらず、激しい対立の会議となった。[89] 非保有国の批判の矛先がP5に向けられたからである。その批判の論点はいくつかある。

一九九〇年代の後半にインドとパキスタンが最初の核実験を行なったこともあり、非保有国がP5と交渉・抵抗する処置として、中堅国八カ国による「新アジェンダ連合」が生まれた。ブラジル、エジプト、アイルランド、メキシコ、ニュージーランド、スロヴェニア、南アフリカ、スウェーデンの八カ国から構成され（スロヴェニアは米国の圧力で後に脱退）、核兵器廃絶の実現を目指すものであった。米国の顔色をうかがった日本は参加しなかったが、唯一の被爆国として、その不参加は目立った。

非保有国のもうひとつの不満の種は、一九九六年にいよいよ締結された包括的核実験禁止条約（CTBT）が、一九九九年に米国の上院で批准決議が否決され、条約発効の見通しがまったく立たなくなったことである。

しかし、なんといっても、非保有国の不満の主要な矛先は、依然として保有国が核非武装に対して「誠実な」努力をするそぶりさえみせないことに向けられていた。日本のNGOピースデポの報告が言う。

「核兵器の究極的廃絶に向かって核兵器を削減するための、体系的かつ前進的な努力」も履行されなかった。信頼されている米国のNRDC（天然資源保護評議会）の調査をもとにすると、作戦配備されている核弾頭数の九四年末から九九年末にかけての変化は次のようになる。

米　国：	八七二〇	↓	八八八〇
ロシア：	一万一〇〇〇	↓	九九〇六
フランス：	四八〇	↓	四四六
中　国：	四三〇	↓	四一〇
イギリス：	二〇〇	↓	一八五

この数字をみる限り、過去五年間、とても「体系的かつ前進的な努力」があったと

は言えない。

それでも、会議が一ヵ月続いた挙句、核兵器完全廃棄への明確な約束を盛り込んだ最終文書が全会一致でなんとか合意された。このとき、曖昧な用語で実際の対立を隠す文章作成という外交官の最高技術が十分に発揮された。

†二〇〇五年――百国繚乱

ところが、二〇〇五年の会議となったら、一九〇ヵ国の外交技術の総力を結集しても足りなかった。共同通信社は、その模様をこう報道した。

NPT会議、事実上決裂・核軍縮で合意できず

【ニューヨーク五月二五日共同】ニューヨークの国連本部で開かれている核拡散防止条約（NPT）再検討会議で二五日、「核軍縮」と「原子力の平和利用」を扱う二つの主要委員会が合意形成に失敗したまま討議を終了、再検討会議は二七日の最終日を待たず、事実上決裂した。

前日には「核拡散防止」を扱う主要委員会が同様に討議を終えており、再検討会議は北朝鮮やイランの核問題など現実の脅威に対して何ら具体的な対応策を提示できないまま、約一カ月の会期を閉じることになる。

再検討会議のドゥアルテ議長は今後、何らかの文書を議長声明などの形で作成し、最終日の全体会議で承認を求めることになるとみられる。

だが、会議の成果としては、核保有国に具体的な核軍縮措置の履行を公約させた前回二〇〇〇年の再検討会議と比較すると、大幅な後退は避けられない見通しだ。

†NPT条約を反故にする米印協定

二〇〇五年のNPT再検討会議が前代未聞の醜態をさらした理由は二つある。ひとつは、前回(二〇〇〇年)の再検討会議に比べて、米国の外交方針が大きく変わったことだ。つまり、二〇〇〇年代前半にブッシュ政権が行ない、日本もイギリスも従属した、相手かまわずの戦闘的かつ一方的な外交(ユニラテラリズム)のせいであった。Casus Belli(戦争を正当化する要因)を事後的にでっち上げたことが判明したイラク戦争によって、P5と開発国が和やかに会合できる雰囲気は作られていなかった。もうひとつの理由は、中国包囲策の一環として、米国がインドとの間に、NPTを踏みにじる、核協力協定をすでに交渉中だったことが広く知られていたことである。

米印の軍事的折衝が、世紀のはじめから秘密裡に進められていたようだ。二〇〇〇年にインドの外務大臣が「米国のミサイル防衛計画は世界平和への脅威」と弾劾したのに、二〇〇四年にブッシュ大統領が核弾頭ミサイルの大幅減少とミサイル防衛強化を同時に宣言したときには、インドはいち早く「世界平和への第一歩」と褒めた。当時の米国は、インドの核兵器開発はNPT体制への挑戦であると批判し、北朝鮮への圧力と同じようにインドに対しても核廃止を求めるスタンスを正式にはまだ維持していた。だが、二〇〇五年にインドのシン首相がワシントンを訪問した時、ながい交渉の末に同意に至り、共同声明を発表した。米国が今までのNPT体制維持一点ばりの政策を一八〇度転換して、インドに対する非難を一切やめて、協力関係を約束した。ブッシュの言葉はこうだった。

> 米国は、核エネルギーおよび核安全体制を推進するという、その一般政策目標に沿って、今後インドと民間核エネルギー開発のための協力を惜しまない。[90]

本音はもちろん、NPT体制維持策より、対中包囲策の方を優先するようになったということである。

米印原子力協定を構築するのは二〇〇七年までかかった。その年に「米印民間核協力協定」が結ばれ、翌年両国で批准された。交渉の一環として、インドが民間原子炉および軍事用原子炉を組織的に区別する行政改革をして、IAEAが前者——民間用の原子炉だけ——を査察するような協定をIAEAと結んだ。もちろんその「区別」は子供だましの話である。ゴールドマンザックスのなかでインサイダー取引を防止するために設けられた、自家株式売買部と投資家顧問部を隔離する「Chinese Wall」みたいに。

IAEAとともに、もうひとつ核燃料の輸出を管理するための国際的な組織がある。原子力供給国グループ（NSG）と称する、インフォーマルな国際機関である。四六カ国が加盟するグループで、ウランや核兵器に関する技術知識などの貿易をコントロールすることを目的とし、そのためのガイドラインを守ることを相互に約束した組織である。皮肉なことに、IAEAがこのNSGを創設して核物資貿易をコントロールしようとしたきっかけは、一九七四年のインドの核兵器実験であった。非保有国であるはずの国で核実験が行なわれたのはインドがはじめてで、発電用核技術と兵器用核技術の相互浸透性を実証したばかりでなく、兵器の原料を密かに購買できることも示された。

米印原子力協定への準備交渉の一環として、米国がNSGに圧力をかけて、インドも、ガイドラインを守るという条件で核燃料の貿易に参加することが許可された。

こうしてインドは、核不拡散条約に加盟しないで、NSGメンバーと同様、「原子力供給物資貿易」に参加できる唯一の国となった。NPTの本来の趣旨を逸脱すること甚だしい。

それなのに、日本政府は、NPTコンプライアンスはどうでもよく、「新しいビジネスの一部を我々にも」となった。そのとき「赤旗」がこう伝えた。[91]

安倍晋三首相の訪印を前に、日本国際問題研究所、米戦略国際問題研究所（CSIS）、インド工業連盟は二十日までに、日米印三カ国の安全保障・エネルギー・経済協力のいっそうの促進を求める報告書を発表しました。

報告書は、米印原子力協力協定の促進で「日本の果たす役割は大変重要なものになるであろう」と強調。訪印する安倍首相に対して、「インドの民生用原子力協力」への原子力供給国グループ（NSG）や国際原子力機関（IAEA）の支援を確保する上で日本が「主導的な役割を担う」よう要請しています。

……報告は、対印協力が地球温暖化防止などに役立つ「国際的努力に転換しつつある」として、その国際的承認への責任を日本に負わせようとしています。

……報告書作成のために開かれた日米印会議の出席者には、アーミテージ元米国務副長官や、安倍首相に近い財界人の葛西敬之JR東海会長らが名を連ねています。

†一時の繕い

二〇〇五年の時とは打って変わって、二〇一〇年のNPT再検討会議の雰囲気は雷後の晴天のようなものだった。主要な要因は二〇〇八年のオバマ政権の誕生であった。第三章で米国のメディアや、一般の政治的対話においての「bellicosity」の度合いを測るための仮想指数「Bスコーア」なるものを冗談半分に紹介したのだが、確かに、実際のオバマ政権の政策は、第三章で見たように、毅然として米国の国益を守り、中ロという仮想敵国に対して譲らないものだった。しかしながら、レトリック・雰囲気の点では、ブッシュ政権に比べると、オバマ政権の方がBスコーアはかなり低い。

二〇一〇年の再検討会議への影響として、最も重要なのは、二〇〇九年六月四日にプラハで行なわれたオバマの演説だった。確かに、オバマの演説術は最高級である。まず、チェコ共和国の生みの親であるトマーシュ・マサリクや一九六八年の「プラハの春」について、上手な御世辞を言ってから、チェコ共和国がNATO加盟国のなかでもより親米的であること（米国のミサイル防衛システムの施設を受け入れている）を反映してか、NATOの重要性についてかなり長口舌をふるった（米ロ冷戦のひとつの大きな要因は、冷戦後、米国がもはや存在理由が反ロしかないNATOを解体せず、ヨーロッパをコントロールする手段として遺したことにある。そして、イラク、アフガニスタンにおける米国の戦争に、ヨーロッパ同盟国からの軍事的な協力——バードン・シェアリング——を得るために、旧ソ連圏の国にもNATOに加入してもらうことで拡大した)。

†核のない世界の夢

オバマの演説が有名になった重要なくだりはこうだった。[92]

今日、絞ってお話ししたいひとつの論点は、我々二国の安全保障と世界の平和にとっても基本的な問題です。すなわち、二一世紀における核兵器の問題です。核兵器が数千発もいまだに存在しているのは、冷戦の最も危険な遺産です。米国とソ連の間に核戦争は勃発しませんでしたが、幾世代を通じて、自分たちの世界が一瞬、一光で消滅する可能性とともに生きてきました。プラハのように、数世紀にもわたって美しさ・人類の才能を体現してきた都市が存在しなくなる可能性……。

今日、冷戦はなくなりましたが、数千発の核兵器はなくなっていません。歴史の皮肉のひとつですが、グローバルな核戦争のリスクが縮小してきたとともに、核兵器による攻撃のリスクが高まってきました。保有国の数が増えました。核実験がとまらない（引用者注　禁止条約の批准を断った米上院へのメッセージかな？）。核燃料や核に関する秘密が闇貿易で横行しています。核爆弾を作る技術が広く普及しています。テロリストたちは爆弾を買うか、盗むか、拵えるか、いずれかを血眼になってやっていま す。これらの危険に対処する我々の努力は、現在、核不拡散条約に集中していますが、その条項を無視する人間や国が増えてきますと（引用者注　米印原子力協定をおぼえているだろうか？）、世界が完全に秩序のない点まで到達する可能性が生じます。

分かってください。これは全人類の関心事です。ひとつの都市に核爆弾が爆発すると——それはニューヨークであろうが、モスクワであろうが、イスラマバード、ムンバイであろうが、東京やテルアビブ、パリやプラハであろうが、数十万人が殺される可能性があります。そういうことがあったら、その行き詰まるところ——地球の安全、我々の安全保障、我々の社会、我々の経済、ひいては人類の生存にとって——がどういう結果になるかまったく計りえません。

核兵器の拡散は阻止できない、ますます多くの人間、ますます多くの国がこの恐ろしい、究極的な破壊の手段を所有する世の中に我々が生き続けるしかない——と言う人もいます。そのような宿命主義、あきらめ、は決して許しえない我々の宿敵です。いったん核兵器の拡散が必然的だとあきらめること自体が、核兵器の使用も必然的だと認めることになります。

二〇世紀において自由のために戦って団結したように、二一世紀には恐怖から解放される権利を全人類が享受するために、我々は団結しなければなりません。（拍手）。我がアメリカ合衆国は核保有国として、原子爆弾を使った唯一の国として、行動に移す道義的責任を負っている。一国だけでこの大事業を達成することはできません。しかし我々はそれをはじめることができます。主導権をとることができます。

したがってはっきりと、そして誠実なコミットメントを以て今日誓います。核兵器の存在しない社会の実現のために、努力いたします。（拍手）。私はナイーヴではありません。目標に到達するのにかなり時間がかかります。たぶん私が生きている間に成功しないかもしれない。大変な忍耐力、固い決意を要します。しかし、今日、「世の中はいつも変わらない」という声には我々ははっきりと答えなければならない。

「Yes, we can!」（拍手）。


美辞であり、麗句であるには違いないが、実質的な意味はどうだろう。私が読んで、より誠意に満ちていると思ったのは、オバマが次の日カイロで行なった演説である。イスラム諸国にアピールすることを意図した演説で、たとえばイラク戦争が間違っていたとか、一九五三年にイラン政府をひっくり返したのはＣＩＡの仕業であったことなどを認めたり、ある程度の「ざっくばらんさ」には感心した。だが、具体的なことを述べ始めると、プラハの演説がいかにオバマのスタンド・プレーにすぎなかったかを物語る内容であった。カイロでの演説では、核兵器のない世界構想にもちょっとは触れたが、趣旨はあくまでイランの核兵器開発に対する態度を表明するものであり、第九章で描いたような、あくまで譲らない親イスラエル反イランの政策を確認するようなものだった。曰く、[93]

> 数十年間も続いた相互不信用の歴史を超越することは難しいですが、我々は、勇気、正義感、決意をもって、そうするように努力しなければなりません。我々二国で話し合わなければならない問題は多いですが、我々は相互尊敬、条件なしで前進する用意があります。しかし、誰にでも明らかなのは、核兵器という点については、重要な転換点に到達しています。これは米国の国益だけの問題ではありません。中東において核武装競争を阻止できる重要な問題であります。このような競争は、中東ばかりでなく、世界全体を非常に危険な道に導く可能性がありますから。
>
> 　核兵器を保有する国があり、保有が許されない国もあるという状態が不公平だという人の言い分は分かります。保有国・非保有国を差別する権利は、どんな国であろう

ともてるはずはない。だから、その必要をなくすために、私が核兵器のない世界を実現させる、米国の強い意欲を再確認しました。そして、イランを含めてあらゆる国が、核不拡散条約の規定を守る限り、原子力の平和的利用権をフルに教示しなければならないと思います。これは中東におけるあらゆる国が分かち合う目標であることを希望しています。

†無核世界構想が生まれた背景

プラハ演説の無核世界の構想は、いきさつは不明でも、かなり準備期間が長かった。大っぴらになったのは、二〇〇七年の一月、「ウォール・ストリート・ジャーナル」紙への投稿というかたちでお目見えした。米国の「四長老」が提案した「核兵器の存在しない地球を目指すべきだ」[94]という提案であった。

その四長老とは、米政府で、外交・国防政策について深い経験のある、ヘンリー・キッシンジャー（Henry Kissinger）、サム・ナン（Sam Nunn）、ウィリアム・ペリー（William Perry）、ジョージ・シュルツ（George Shulz）であった。オバマのプラハ演説より、多少詳しいし、善意の理想主義は認めざるを得ない。しかし、長老四人が米ソ冷戦時代の米国側の指導者であって、その心理は冷戦時代そのままであることは明らかである。

無核世界提唱の発起人になった動機をこう説明する。

北朝鮮の最近の核兵器実験およびイランのウラン濃縮――兵器使用をもくろんだ高濃縮の可能性もあり――を止める呼びかけを無視していることは、世界が新しい危険な核の時代の瀬戸際に至っていることを示している。[95]

つまり、P5の核保有独占を正当化する核不拡散条約の維持を至上命令・出発点としている。実際、北朝鮮とイランに対して米国がとっている強硬政策に強い支持を表明し、その強硬政策が功を奏さない可能性こそが、核問題の重要性・緊急性を増しているといえる。

それればかりではない。二〇〇八年の声明では、二〇〇七年の声明をゴルバチョフが支援したことを強調したり、米ソのSTART条約（配備ミサイル数を米ロが数千発に限定することを目的とする戦略兵器削減条約）を具体的な進歩と褒めたり、ロシアには何回も触れたが、中国の抑止力、核問題に対する姿勢などには一回も触れていない。このことは、いかに米国が――将来の米中冷戦が米国にとって最重要な問題なのに――過去の米ソ冷戦時代の心理を脱していないことを物語る。

米国の覇権に甘んじている我々ヨーロッパ人や、アジアの米国同盟国の国民は、ブッシュ政権の戦闘的外交がオバマ大統領の下で多少緩和されたのにホッとしたあまり、四長老やオバマなどの相対的に開明的な米国人の発言に耳を貸しすぎていると思う。開明的であっても、右寄りのロバート・ケーガンにしても、左寄りのアミタイ・エツィオーニにしても[96]、米国が覇権を失う時代がくる可能性を仮想的にも想定して将来を考えることはできない。

キッシンジャーが四長老のビジョンの非現実性を問われて、こう答えたそうだ。「無核世界は、喩えていえば、山の頂上みたいなものだ。我々はまだ麓にいることは確かだが、徐々に登っていると思う」と。

しかしキッシンジャーのハト派への転向は長続きしなかったようだ。米ロ新START条約によれば二〇一八年までに、配備されたミサイル弾頭を一五〇〇発程度に減らすことになっていたが、二〇一二年二月に行なわれた米国国防省の発表によれば、今後の交渉提案を三つ検討しているという。最も野心的なのは三〇〇発ずつを視野に入れていた。

二〇一二年四月にキッシンジャーおよび四長老の仲間の一人、ブレント・スコウクロフト（Scowcroft）は先手を打った[97]。「このような提案が勢いを得て走り始めないうちに、我々の信念をハッキリさせたい——将来の交渉の目標は戦略的安定であるべくして、兵器の数量的削減は、抽象的な先入観によってではなく、戦略的分析の結果によって決まるべきだ」と。

物々しい書き出しで、中国には直接にふれないが、中国を念頭においていると思われる「戦略的分析、八つの原理」を説明し、米ロ両国の核兵器がそれぞれ三〇〇発だけだったら、危なくて不安だという結論に達する。

開明的専門家二人がそのように軍縮への冷や水をかける論議を展開しているうちに、米国議会は乱暴な共和党議員たちが譲歩ひとつしようとしない硬直状態にますます陥った。長い交渉の挙句、大統領が米ロSTART条約を批准するために、相当な代償を払わなければならなかった。一〇年間は核兵器研究所の予算を八八〇億ドル増やし、もう寿命にきている爆撃機、潜水艦、地上ミサイルを更新するための予算を一二五〇億ドル増やすことを約束せざるを得なかった。「ニューヨーク・タイムズ」紙の社説が、そのような規定を要求する下院共和党の「時代錯誤」を憂えていた。[98]

†二〇一〇年再検討会議以後

以上述べたような、二〇一一～一二年の出来事がまだ将来にあった、NPT再検討会議が開かれた二〇一〇年五月には、「ブッシュと違って、まじめに核兵器のない世界をつくるよう努力しているオバマ」というイメージがマジックとして働いて、楽観的な雰囲気のなかで会議が始まった。前年、国連事務総長がハワイのイースト・ウエスト・センターで「国際連合と核兵器なき世界における安全保障」と題する講演で、これからの道程として、「核兵器禁止条約」（NWC）も含む五項目を提案し、市民団体も長崎アピールなどでそういう条約の早期締結を呼び掛けた。そうした大きな期待のなかで開かれたNPT再検討会議が、その後どのような経過をたどったのか、この点については広島大学平和科学研究所の田中利幸にゆずる。[99]

五月初旬、実際に再検討会議が開かれ、「最終文書」に含むべき事項についての議論が始まると、期待していたごとくNWCの必要性を訴える声が聞かれるようになり、五月一四日段階での主委員会の議長草案にはNWCに関して次のような明確な提言が含まれた。すなわち、「核兵器国は核軍縮の最終段階と核兵器のない世界の維持に必要な法的枠組みを確立するために特別の努力を払うべきである。この目的には、国連事務総長の五項目提案、とりわけ核兵器禁止条約や相互に補強し合う条約の枠組みが役立つ」のであり、「核兵器国は（戦術核を含めた核軍縮、非核国に配備された核兵器の問題など）七項目を含む具体的措置について二〇一一年までに協議し、その結果を二〇一二年の準備委員会に報告すべきである。この協議を踏まえて、国連事務総長は時間枠を決めて核兵器を完全廃棄するためのロードマップに合意する方法と手段について協議する国際会議を二〇一四年に招集すべきである」というものであった。

ところが、日が経つごとに草案の内容が骨抜きにされ、核兵器禁止条約の実現に向けて当初設定されていた明確な期限が外されてしまった。しかも、さらに、米ロ仏英の核大国は、具体的期限を取り除いてしまった「核軍縮過程の最終段階や関連措置は期限を決めた法的枠組みで追求する必要があることを確認する」という修正表現にすら反対。米英仏は「期限をきめた」という文言の削除を求め、ロシアは全文の削除を求めた。これに対して新アジェンダ連合国などからの巻き返し活動がみられたものの、結局、最終文書は我々が当初期待していたものとは極めて遠いものとなってしまった。

すなわち、NPT再検討会議は、「核兵器のない世界を実現、維持する上で必要な枠組みを確立すべく、全ての加盟国が特別な努力を払うことの必要性を強調する。同会議は、国連事務総長による核軍縮のための五項目提案、とりわけ同提案が強固な検証システムに裏打ちされた、核兵器禁止条約についての交渉、あるいは相互に補強しあう別々の条約の枠組みに関する合意の検討を提案したことに留意する」、というものである。明確な期限としては、「核兵器国は、条規の履行状況について、二〇一四年の準備委員会に報告するよう求められる」というものだけになってしまった。

それでも、欧米諸国も日本も、二〇〇五年とは異なり、一八九ヵ国が異議なしで通した最終声明に到達したこと自体を大変な業績とした。会議のために、志位和夫委員長を団長とする日本共産党代表団をニューヨークに送った日本共産党でさえ、満足していた。「赤旗」によると、[100]

> 世界の大勢であった「核兵器廃絶のためのロードマップ（行程表）」は、一部の核保有国の反対によって盛られなかったが、実質的にその方向の足がかりがつくられたといえる。
>
> 志位委員長は談話でこの確認を「核兵器のない世界」に向けた「重要な一歩前進」と評価した。

そして、日本共産党の平和運動局長が説明して、次のように述べる。

> 日本平和委員会の大会の初日と、最終文書の採択が重なったのだが、協議が難航しているというマスコミ報道などもあり、みなさんは前日から、結末がどうなるのかと

心配な面持ちだった。

しかし、最終的には積極的な内容が出たということで、大会の討論も通じて、とても確信を深めることができた。志位委員長の談話を読んだ平和委員会のあるベテランの方は、「本当に画期的なことだと思います」と感慨深くおっしゃっていた。ここに確信をもつことが、今後の運動発展にとってとても重要だと思う。

†繰り返される巡回——目下の危険状態が無視される

世の外務省は、絶えず国際会議を計画したり、出席したり、大義名分をたっぷり盛り込んだ誰でも合意できる最終声明に最高の言語力を駆使したりせずに、ただ手を拱いているだけでは予算が取れない。二〇一五年のNPT再検討会議の第一回準備会がすでに二〇一二年の春に開かれた。「毎日新聞」が始まった日につぎのように報道する。[101]

核兵器の開発、拡散が懸念される北朝鮮やイランへの対応、中東非核化構想などが焦点になりそうだ。

二〇一〇年の再検討会議では「核兵器のない世界」の実現に向け核保有国に一層の軍縮を求める一方、国際原子力機関（ＩＡＥＡ）による査察強化などで核兵器の拡散防止を図ることなどが再確認された。だが、北朝鮮で新たに大規模なウラン濃縮活動が確認され、三度目の核実験の可能性が取りざたされる一方、イランでも国連安保理決議に反してウランの高濃縮化が進行するなど、NPT体制の将来は予断を許さない。

欧米・日本も、ほとんどどこでも、同じトーンの記事――NPTの支持・実行が至上命令という趣旨の記事――が見られるだろう。**世界平和へのもっとも緊急な脅威はNPT自体であるのに。**

†侵略を正当化する可能性

二〇一二年の夏には、イスラエル内部のイラン爆撃計画をめぐる論争、つまり「今やらなければ手遅れになる」という急進派と、陸軍総本部も含む「測りしれない結果をもたらすかもしれない」という慎重派の激論はあまり報道されないが、報道されていないだけでイスラエル国内では続いている。そしてイスラエルが抜き打ち攻撃に踏み切る可能性は少なくない。米国の伝統的なイスラエル・ロビーと民主党の関係に鑑みて、一一月の大統領選挙までは規制されているだろうが、民主党か共和党のいずれが勝っても、一一月以後にイスラエルによるイラン攻撃の可能性は増大する。

そして常時その可能性を大きくしている理由は、NPTが――こんなにほころびが出てきたNPTが――世の中で神聖な条約とされていることだろう。イスラエルがイランを爆撃したら、ホルムズ海峡に水雷を撒いたり、サウジアラビアの石油施設を爆撃したり、親イランのヒズボラ・ハマスのテロを刺激したり、欧米日への石油供給を減らすなど、報復方法が十分にあるイランの仕返しがどういう結果にエスカレートするかは分からない。

とくにエスカレーションの可能性を拡大しているのは、二〇一二年にシリア問題でもイラン問題でも顕著になってきたように、中東におけるブロック化が日に日にすすんでいることである。

イラン、イラク、シリア政府軍、レバノンのヒズボラ、ガザのハマスというシーア派と、サウジアラビア、カタール、イラクの治安を常に脅かしている反政府派、アル・カイーダ、シリアの反政府軍、それに武器を供給しているトルコのスンニ派などとの対立がますます顕著で、ますます殺戮的となっている。

そしてロシア・中国（とくにロシア）のシーア派側を援助する介入と、米国のスンニ派側を援助する介入（とくにシリアの内戦においての介入）がますます露骨になる（歴史のひとつの逆説だが、ビン・ラディンも含め、9・11の犯人二一人のうち一五人がサウジアラビア人だった）。米欧勢・中ロ勢の対立軸が二〇一二年夏、イスタンブールで開催された、シリア内戦収拾方法を検討する米国主導の会議であらわになった。
イスラエルがイラン爆撃をしたら、どういう長期的な結果が出るかはまことに測りえないが、ただひとつ確かなのは、安全保障理事会でイスラム国がロシアと中国と一緒にイスラエルへの制裁を求める決議案を出すにちがいないということである。一一月の大統領選挙以後だったら、米国が拒否権を行使しない可能性はちょっとあるかもしれないが、以前だったら、拒否権を行使するに違いない。

拒否権行使は主として、国連総会で、加盟国の支持票をどれだけ牛耳っているか、国連外の世界における覇権的影響力などに規定されるが、米国大統領であっても論法の「正当性」・正義のことも考えるだろう。そこで用いる論法は、「イランは否定するが、実は参加国一九〇カ国の核不拡散条約の精神をイランが踏みにじっている。これを許せば、NPTが崩壊して、世界の法的秩序が崩れる」というものだ。そして、中国、ロシア、およびシーア派イスラム国以外は、皆拍手をおくるだろう。「産経新聞」「日経新聞」「読売新聞」も同じ趣旨の社説でエールを送るだろう。唯一の救いは、米国のイラク攻撃を批判した「朝日新聞」[102]がまた良識を発揮する可能性である。

†壊れた条約体制、修理もできない条約体制

ＮＰＴはもう修理できる段階を通り過ぎたと前章で主張した。その主張を裏づける論法をこの一〇章で展開することに成功したかどうかはわからないが、とにかく前章で引用した「イランに核爆弾を許してやろう」と言っているケネス・ウォルツでさえ、ＮＰＴ廃止を主張しないが、私はそれしかないと思う。

すると、代替案があるか――ということになるだろう。

あります。次章を読んでください。

第三部

では、どうしよう？

発射を待つイランの中距離ミサイル「シャハブ 3」 © PANA通信社

はるかな記憶

さて、代案のあらましを述べよう。私は外交、国際関係論、防衛・戦略論の専門家ではなく、以下、概略的に記述する代案は、説得力があまりないかもしれない。さまざまな対立要因をはらんで複雑化しているシリアやエジプトの内戦、米ロ・米中の冷戦状態がますます顕現化する国際社会の雰囲気では、NPTのように、一九〇カ国が署名する新しい条約を実現させる可能性はゼロに近いことはわかっている。しかし、たとえば、国連が創立された一九四五年代の雰囲気にふたたび現代が覆われる可能性はなくても、NPTの構想が生まれた一九六〇年代の状態に戻る可能性は無きにしも非ずだ。当時の世界は、次のような問題意識を共有していた。

① キューバ危機（一九六二年）で核戦争が現実的に視野に入った経験は、まだ記憶に

新しかった。
②　国連憲章の人類連帯意識の思想がまだある程度は生きていた。
③　フランスと中国が核兵器保有国となったら、安全保障理事会の常任理事国＝核保有国という式がなりたち、常任理事国の五カ国は、三対二の深い溝があっても、世界平和に対する「ノブレス・オブリージュ」まがいの責任感をある程度感じていた。

日本のある外交官が、「普天間の問題は、爆撃機が町の真ん中に墜落してくれなければ解決しないだろう」と言ったそうだが、同じように、どこかでならず者国家が核兵器を一発使って初めて、一九六〇年代のような条件がまた揃う——ということなのかもしれない。その時に備えて、現実的に機能しそうで、大国にも小国にもアピールするような代替案はいかに可能なのか、今から議論することは無意味ではないと思う。

もちろん、ミサイルの技術、核兵器の技術、ミサイル防衛の技術、サイバー技術、戦略ドクトリンなどの専門家や、他国の核施設への査察団の経験を持っている人たちなどの参加なしでは、実現性のありそうな案はつくれないのだが、素人の発案を出発点とする可能性はあると思う。その意味で、素人の私が、以下のような「核兵器管理条約」の案の概要を述べる。

†「報復の確実性」が中核

結局、冷戦時代を通じて、一九八九年に一方が権力の不均衡で降伏するまで、米ソが戦争せずに共存してきた理由は、お互いが同じ戦略ドクトリンを分かち合っていたからである。すなわち「相互確証破壊」（ＭＡＤ）であった。ソ連も米国も、「抜き打ちの先制攻撃で、相手のミサイルを全部一遍に破壊して、自国だけがつつがなく生存できることはあり得ない。つまり、核戦争には勝利者がいない」という共通理解をもっていた。

現在、核保有Ｐ５の国のほかにも、その同盟国や衛星国も、米国の核の傘、ロシアの核の傘、中国の核の傘のおかげで、核兵器による攻撃に関しては安心できる（安心できないのは、米国がミサイル数を減らすという宣言が実行されると、日本を保護するための十分なミサイルが残るのかと心配する神経質な日本の防衛専門家くらいだろう）。なぜ安心できるかというと、「報復の確実性」の恩恵をこうむっているからである。

以下に私が提案する新案「核兵器管理」体制の中核的な目的は、外国からの攻撃を抑止してくれる「報復の確実性」を、現在の核保有国および核保有国の同盟国ばかりでなく、世界のあらゆる国に与えることにある。

今のところは、日本は日米安保による「代行報復の確実性」のおかげで、北朝鮮を恐れる必要がない（北朝鮮に常規を逸したトップの集団が現れる可能性が少ないので、自国の完全破壊を代償としてまで日本を攻撃しないだろうから）。

ところが、北朝鮮には、同じような保証はないだろう。北朝鮮と中国との関係は複雑で――経済面でも、外交面でも、中国のアドバイスをハイハイと聞きながらも面従腹背で、行動がともなわない場合が多いようだ。[103] そのため、北朝鮮が米国に攻撃されたら、中国が代行報復するかどうかは確実ではない。だから自前の核兵器をつくったのだろう。

インドとパキスタンはすでにバランスの取れたＭＡＤ関係にあるようだが、インドとバングラデッシュ、パキスタンとイラン、パキスタンとサウジアラビアなどの関係にバランスは保たれていないし、すでに本書で何度も述べたように、イスラエルとイランの二国間関係が緊張している理由は、核の非対称性が主因である。

そして、多くの日本の防衛専門家を不眠症患者にしている原因は、北朝鮮ではなく、果たして中国からの攻撃に対しても米国の核の傘が確証されているかどうか、いま確証されているとしても、ミサイル防衛のバランスが中国有利に変わった場合、依然として大丈夫なのか――ということである。

以下の案の骨子は、「敵国から攻撃されたときに報復する」という確証を他国からもらえるという、現在は大国の同盟国しか享受していない確証を拡大化、普遍化、確実化することである。突き詰めていえば、「どの核保有大国が、どの小国・弱国に対して、代行報復の義務を負うのか」を曖昧な同盟関係のインフォーマルな了解に任せるのでなく、世界各国の合議によって制度化し、文書化して、あらゆる国が加盟せざるを得ない「鞭とニンジン」を与える条約をめざすのである。

†考えられる代替案の「骨子」

そのあらましは次のようなものが考えられる。

① NPTのように、署名国の一方を核保有国、他方を永遠核処女国に分ける硬直的な制度でなくて、署名国が二つの資格（Nuclear Powers〔NP〕かProtected Powers〔PP〕か）を選択できる。ただ、

ⓐ Nuclear Power（NP）となるためには、核兵器を保有するばかりでなく、同時に、Protected Powers（PP）国の少なくとも三カ国に対して、米国が日本に現在差し出している程度の核の傘——つまり、「核兵器によって攻撃されたら、侵略者への

核兵器の報復を代行する」約束——を与える用意があって、それを実行するキャパシティもある国。

ⓑ Protected Powers（PP）は幾種類も考えられる。

ⓘ 信念として、国際的に平和的な姿勢を維持したいために核を持たない国。
ⓘⓘ 核兵器のような無用な長物に金を使いたくない国。
ⓘⓘⓘ 主として「見栄」のために、つまり、核を持たないと一流国になれないと思っている「小人国」たることを軽蔑する国。
ⓘⓥ 核兵器を持っていても、先制攻撃をされたら報復能力（second strike capacity）を確保できる自信がない国。
ⓥ NPになれたらなりたいが、NPの義務となる、他国に核の傘を提供するために必要十分なキャパシティを持っていないから、NPになれない国。

この新体制では、あらゆるPPが少なくとも三カ国のNPと「代行確証復讐条約」を結ぶ。参加国のうち、従来、軍事的な同盟関係のないNPひとつ。事実上、ほとんどの国が米ロを選択する。その二ヵ国に加えて、アジアでは中国が選ばれ、ヨーロッパとアフリカでは英仏のどちらかが第三国になるだろう。南米では、ブラジルがNPになることを選択するかもしれない。イスラエルがNP資格を選んで、チュニジアやタンザニアやソマリアなどの代替報復者役を演じることは、今のところユートピア的な発想に思えるかもしれないが、このような条約が可能となる世界情勢が訪れるときには（普天間の爆撃機墜落の話を想起されたし）、実現の可能性が視野に入ってくるかもしれない。

一見すると夢想的に思えるこの条約を実現させるためには、条約準備会の雰囲気が重要である。「ほかに合理的な選択肢はない。いったん発明されてしまったら、核兵器がこの世から消えてなくなることはない。そんな武器が存在する世界では、核兵器を実際には使えないようにする相互規制体制をつくるしかない。広島や長崎のような大惨事が二度と起こらないために、もう少し「国家主権」の侵食を受容した方がましだ」という雰囲気を何とかして作らなければならない。

② その「代行確証報復関係」を結ぶのは、原則として各国に任せるが、パートナーを見つけられない国があれば、IAEAか安保理事会が斡旋する。

では、友好関係の獲得も、高尚な理想も含めての「ニンジン」は前述のとおりであるが、つぎは「鞭」について述べよう。

③条約に加盟することを断る国に対しては、まずNSG（原子力供給国グループ）を強化して、民間用でも核物資が得られない貿易統制システムをつくる。それを犯せば、安保理事会が制定する、より厳しい制裁を加盟国が実行する義務を負う。

④IAEAの検査権強化。現在のいわゆる「model additional protocol」（模範的追加プロトコル、一九九七年）程度の権限を強化し、検査権を普遍化する。NPの場合はミサイル・ターゲット・システムまで透明にし、PP諸国については核関係の年次報告の正確性をチェックするための抜き打ち検査を行なうなど、従来は主権の侵害と考えられていた査察権をIAEAに与えることに加盟国が同意しなければならない。

†制度の進化

一八八一年の騒動のあとで、日本の藩閥政府が選挙制度に裏づけられた国会を中心とする憲法を制定することを約束した。その案をつくる使命は伊藤博文に託された。伊藤は憲法制度調査の任を帯びて渡欧する。何世紀も前から貴族が民主主義運動に譲歩してきた結果、国会が最も強いイギリスには行かず、おずおずと実験的に国会を育てていたドイツやオーストリアにまず行って、ドイツ人憲法学者の門下に入った。一八八九年の憲法は主として伊藤博文の業績だった。憲法発布の後で、伊藤は、英語にも翻訳された『憲法義解』を書いた。

私が読んだのは何年も前のことだが、今でもよく覚えているのは、伊藤が英語の読者に向けて述べた次のような一文だ。「日本の憲法における、国会の権限、国民の投票権は、あなたの国に比べるとごく限られていると思われるであろうが、あなたの国の国会も数世紀前にはそうだった。世紀を重ねて、徐々に権限が強くなってきた。我々の憲法もそのように進化していくことを確信しています」。

NPTも進化してきた。模範的追加プロトコル、NSGの形成などがその例である。ただ、保有国・非保有国という硬直した分類のため、決まった線路でしか進めない電車のようなものである。核兵器管理体制は、むしろバスのように、進化方向がより弾力的なものが望ましい。

†進化方向の可能性

もっともありそうな進化の線は、IAEAの権限を漸次的に強化することだろう。核兵器管理体制を維持するためには、高度の透明性や査察能力が必要となる。たとえば、PP国の兵器用核施設状態年次報告の（抜き打ち査察による）確認のほかに、NPが報復義務履行用に指定したミサイルのターゲット・システムの査察などが考えられる。また、IAEAの自前の衛星システムも必要とされるだろう。こうした役割をIAEAが果たすためには、現在よりもはるかに大きな、強力な機関にならなければならないだろう。自然な成り行きとして、中央集権化の傾向が生まれるはずである。最終的には、NP／PP二国間の協定の代わりに、NPが保有するミサイルのうち、ある一定の数をIAEAのコントロール下におき、常時配備ミサイルが可能な平和部隊が形成される可能性もある。これは国連憲章の四五条の延長線にある。四五条が規定するのは、国連管理下の空軍力である。

国際連合が緊急の軍事措置をとることができるようにするために、加盟国は、合同の国際的強制行動のため国内空軍割当部隊を直ちに利用に供することができるように保持しなければならない。これらの割当部隊の数量及び出動準備程度並びにその合同行動の計画は、第四三条に掲げる一又は二以上の特別協定の定める範囲内で、軍事参謀委員会の援助を得て安全保障理事会が決定する。

もちろん、四五条は長らく死文化していた。しかし、国連の役員として、最初の国連平和部隊の形成の任に当たり、生涯にわたって国連常備軍の設定を唱えたウルカート卿(Sir Brian Urqhart)[104]があの世から祝福するだろう。

†人生は重き荷物を持って高き山を登るが如し

家康の言葉を存じていたか分からないが、キッシンジャーが四長老のビジョンの非現実性を問われて、こう答えたそうだ。「無核世界は、喩えていえば、山の頂上みたいだ。我々はまだ麓にいることは確かだが、徐々に登っていると思う」。

そういう山があるとすれば、世界政府の山だと思う。以上が、私が描いている夢——核兵器の生産・使用の管理を独占する世界政府の出現はカント以来多くの思想家が分かち合った夢である。

秀吉の刀狩から、家康が実際日本で軍事力を独占するようになるまで、三〇年かかった。当時の日本の地面は世界の地面の三九六分の一だそうだ。しかし、交通・通信の技術が発達したインターネット時代では、世界統一は三九六×三〇年はかからないだろう。

第一二章　ある晴れた日

二〇XX年、混沌とした日本の政治が奇跡的に合理的な政局再編が行なわれて、開明党の党首——二〇〇九年当選の新人として「牛若丸」というあだ名で、政界の弁慶たちに可愛がられたり、恐れられたりしてきた理知勇太郎——が総理となった。四六歳だった。総理になってから最初の国会における所信表明演説は以下の通りである。

顧みますと、私が衆議院議員の一年生となって、総理の所信表明演説をはじめて聞いたのは、二〇一一年の九月でした。東日本大震災の翌年で、まだその記憶があたらしかった。野田首相の、初めての所信表明演説は、まず、時代を分かつ大震災について、追悼の言葉、感謝の言葉、激励の言葉を述べました。その後でこう続きました。

「大震災後も、世界は歩みを止めていません。そして、日本への視線も日に日に厳しく変化しています。日本人の気高い精神を賞賛する声は、この国の「政治」に向けられる厳しい見方にかき消されつつあります。「政治が指導力を発揮せず、物事を先送りする」ことを「日本化する」と表現して、やゆする海外の論調[105]があります。これまで積み上げてきた「国家の信用」が今、危機にひんしています」と、そう述べました。

当時そのような落ちぶれたムードが一般的でありました。かつてG7の主要メンバーとして活躍していた日本は、いまやG20などで影響力の小さい存在でしかなくなりました。わが同盟国であった米国でさえ、普天間基地の問題、オスプレイ導入の問題となると、日本側の希望には全く無頓着。韓国は竹島、中国は尖閣、領土問題で日本をイジメ、それら両国の国内の非合理的なナショナリズムが煽られ、結果としてわが国でも、もっとも大人気ないナショナリズムが一部で芽生えてきました。

わが開明党政府の最初の目的は、近隣諸国との摩擦の種になる領土問題を一掃することです。野田政権による、竹島の問題で国際司法裁判所への委託の提案は、当たり前の良い解決方法ではありましたが、相手の「一切仲裁お断り」を受けては、もう手を拱いてはいられません。北方領土の問題、尖閣の問題、竹島の問題を全部国際司法裁判所やその他の機関の仲裁に委ねる運動を力強く推進いたします。ロシア、中国、韓国が続けて我々の提案に応じなければ、安保理事会に、三カ国の態度は、「平和への脅威だ」と訴えて、世界の世論の圧力を加えようとし、制裁まで求めます。結果、裁判所の判決で、本来我々の領土と思っている地域、島を失うかもしれません。

しかし、お互いのナショナリストの温床となる、領土紛争をなくす代償として、喜んで払う代償であります。もう二一世紀ではありませんか。子供っぽい喧嘩をする時代ではありません。

アジア地域親善・協力の問題を超えて、人類を主体とする、世界秩序の建設に日本がどう貢献するか、その秩序のあり方にどう影響するかの問題も緊急な問題として認識しております。とくに最近のイランに対するイスラエルの攻撃の時にそう思いました。その結果、イランの核兵器製造を二、三年遅らせるために、中東全体が混乱に陥り、日本も含めて、世界各国も人命の危険はなくても、石油価格の高騰、世界貿易の混乱という悪影響を受けております。そして、安保理事会で、我が同盟国の米国が、明らかに侵略者であるイスラエルへの制裁を求める決議案へ拒否権を行使しました。未曾有の世界世論の非難を受けたばかりでなく、日本でもメディアでの対立が激しくなり、日米同盟が、果たして日本の国益にかなうのか、世界平和の維持に貢献しているのかを疑う意見が、今までなかったほど、表明されました。

私が中学生のとき、初めて熱心に政治に興味をもつようになった時代のことをよく覚えています。クウェートへのイラク侵略が米国率いる多国籍軍によって阻止された湾岸戦争は、国連主導の戦争であるべきか、米国主導の戦争でいいのかという議論もありましたが、とにかく、侵略は許されないという原理が再確認されて、日本にも多国籍軍を支持する世論が圧倒的でした。憲法上軍隊を送れない日本は特別ガソリン税まで設けて、金銭的貢献をしました。戦費総額の負担は、結局、一人当たりで、日本人は米国人の三倍くらい払いました。それなのに、闘った国は英雄として扱われ、日本の金銭的貢献はほとんど感謝されませんでした。

しかし、その後で、九〇年代の全般を通じて、「日本の国際貢献」のあり方について活発な議論が行なわれました。青年の私も参加して、憲法を改正して、自衛隊の存在を堂々と主張して、ただ、海外で国連主導の平和回復活動以外に武力行使を許さない、真の平和憲法、一〇〇%日本人の手による平和憲法を制定すべきだと思いました。ところが、当時、最近と同様な、混沌とした政局で、憲法改正に邁進できるほど安定した政権はできてきませんでした。

最近は日本人が内向きになりまして、「国際貢献」のことを考えなくなりました。私が子供だった時に、毎年の外交白書は、日本の外交が「国連中心の外交である」という宣言で始まりました。最近は「日米同盟を機軸とする外交」となりました。

それこそ改めなければならない状態であると確信します。グローバル経済にフルに関与している日本は、グローバル政治にもフルに関与していなければなりません。もう日本の外交政策の形成は、同盟国であろうが、他国に外注するものではありません。

とくに最近の中東における悲劇的な出来事は対岸の火事ではありません。「国際貢献」といえば、想定するのは、人類が数世紀にわたって築いてきた国際的法秩序の現状の不備を補い、機能する効率を高めるという大事業に貢献することだと私は解釈いたします。

その秩序の一部である、現在、核不拡散条約体制に委ねられている核兵器統制の不備が明白になってきました。米国が最近、世界の圧倒的な世論を無視して、安保理事会で拒否権を行使した口実は、例の核不拡散条約でした。事実上、イランが核兵器をもったとしても、北朝鮮と同様、他国からの攻撃への抑止力にはなるにしても、国家自殺をする覚悟がなければ、実際、他国への攻撃には使えない兵器であることが明らかであるのに。

つまり、現在は核不拡散条約は国際紛争を少なくする機能よりも、紛争を起こし、何万人もの人命を奪うように機能しています。

核の問題に関して、唯一の被爆国である日本は当然、特別な関心をもっております。

最近の中東情勢を見て、手を拱いてはいられないと思います。ですから、我々の内閣の外交上の第一の目標は、核不拡散条約に代わる、より効果的な核兵器統制の仕組みを建設するためのイニシアティヴを取ることでございます。我々の孫、ひ孫が平和な世界に安心して生きることができる世界秩序の建設に貢献する、我々の義務であると認識しています。

我々のこのイニシアティヴの具体的なロード・マップは次の通りでございます。

①私が来月ワシントンと北京を訪問いたします時には、はっきりと、日本が来年開く、核不拡散条約再検討会議のときに核不拡散条約から脱退するつもりであることを明らかにいたします。

②同時に日本が、核兵器開発に向かうつもりは、毛頭ないことをはっきりと宣言いたします。

③不拡散体制に代わった、核兵器管理体制をつくるべきであるという考えを述べます。

④唯一の被爆国として、その新体制の立案に日本が率先してかかる用意があります。

⑤具体的に申しますと、国連に世界中の最も優れた専門家、学識者を集めて、専門委員会として、その新体制を作る条約の準備に当たらせるための予算を日本が寄付いたします。

繰り返して申し上げたいことは、最後にひとつあります。我々は、敵に囲まれている、侵されやすい国であるという意識はありません。また、我々の文化的伝統、我々のモノ作りの優れた能力、そして、思想・宗教・世界観の異なる国々と平和的共存を望む意欲に十分誇りをもっております。国威発揚のために最新の兵器をもとうとしなくてもいいと思っています。大人の国であります。ただ単に、秩序だった国際社会を模索する人類の長い道のりにおいて、いまや、もう一歩前進するか、危うく後退するかの節目に世界が来ているという意識のあまり、日本が手を拱いて、傍観することができないと思うのであります。

翌日国内外の反応は「唖然とした」ということに尽きる。「政治家としての資格のない総理」、「ざっくばらんさしか、知恵のない首相」、「日本が宮崎駿のアニメの世界に入る」などが新聞の見出しであった。ワシントンから、国務長官が、たちまち米国務次官補を東京に送ったり……。

第一三章　想像と現実

さて、頭を冷やして、現在の世の中に戻ろう。読者にはもう分かっていると思うが、私が三〇年先の西太平洋の理想像としているのは、次の二つの要素を特徴とする。すなわち、

①国連憲章の第七章が描いた、加盟国同士の相互規制によって「侵略」という現象をこの世から退治する諸メカニズムが生み出されること。つまり、加盟国同士の核兵器管理体制の完成によって、相互規制がいよいよ効果的になり、「普通の国」は防衛・安全保障問題に予算、資源、資料をさほど費やす必要がなくなること。

②日中米の三ヵ国の間に軍事同盟なしで、おのおの独立国家として、貿易関係、外交関係、文化交流関係を作って、平穏な雰囲気で共存できること。

今後三〇年の間にこうした時代に到達できるのか、あるいは、そこに近づく傾向はあるのか、その可能性を簡単に検討することが、この最終章の狙いである。

†ナショナリズム、依存主義、無関心

東アジア海域の波が高くなっている。石原都知事が尖閣諸島をめぐり中国への挑発をする一方で、中国の過激派が、尖閣だけでなく、沖縄までも中国の領土だと主張している。どう考えても、気がチョットおかしくなっている人の多すぎる太平洋地域である。石原都知事の挑発も、日米同盟という環境においてしか理解できない。腕っぷしの強いイジメの名人を兄貴にもつ、チンピラの弟がやるような挑発である。石原が「反米」で名を売ったのを思い出せば、チョット滑稽である。

香港の活動家が尖閣から強制送還され、中国方々で反日デモが行なわれる。あまりに親中派に傾斜しているという批判が日本のナショナリストから繰り返された結果、日本の駐中国大使がクビになる。その大使の車から日の丸が剝ぎ取られる。「日経新聞」はたんに「尖閣諸島」とだけでは表記できなくなって、お経読みの丁寧さで必ず、「沖縄県の尖閣」「島根県の竹島」と書くようになった。中国政府は世論統制で反日デモを下火にさせるが、

日本政府が「感情に走らないで冷静的に話し合いましょう」という総理の親書を中国の国家主席に送ろうという案が出てから、実現するまでに二週間かかった。[106]

同時に、数カ月前に、日韓の対中非公式同盟を手探りしていた韓国大統領が、反日感情の波に乗って再選しようと領土問題を利用すれば、日本政府は、冷ややかに対応してすぐ国際裁判所かどこかの仲介を要請するよりも、ぐずぐずしてメディアと同様に感情的に反応する。

他方、米国の海兵隊は(日本で隠居生活を送っている元米外交官である友人の言葉を借りれば、戦前の日本の関東軍のように暴れる米海兵隊)、強引なふるまいをして、日本の自民党と結託して、日本の総理大臣を倒す運動に加担した。ワシントンをバックにして普天間からなんとしても動かないで、危険なオスプレイ・ヘリコプターを無理やりに日本にも持ち込む。そんな米軍への反対デモが起きても、日本の防衛当局は、「中国の脅威に鑑みて、普天間は仕方がない。安全保障上の必須の処置である。愚民には分からないだろうが」という不遜な態度を取る。

毎日そのようなニュースの連続である。この最終章の冒頭に掲げた将来の理想像の方向に世の中が発展していくことを望む人にとっては、悲観する材料ばかりである。

†中国脅威論

全く世論分析の科学的結果ではないのだが、私の印象による、現在の日本の世論の分布を勝手に推計させてもらう。

(A) 石原都知事にエールをおくり、中国を最も（もしくは韓国と同程度に）嫌いな国と見ている人：国民の一五％

(B) 石原は少しオーバーと思っても、中国を脅威と感じている人。ワシントンがどんなに横柄な態度で日本を軽く扱っても、米国との軍事同盟を忠実に守らないと、中国に沖縄まで取られるかもしれないと確信している人：国民の四〇％。そのうち、なんらかの嫌米感情をもっている人：その半分（すなわち二〇％）

(C) 次の意見に同感と反応する人：国民の四〇％

私は、日本人の大半と同じように、政治的選択はしない。したって、なんにもならないから。いつまでもコミットしません。その日、その日と、生活をして、なるべくわが人生のミクロ管理を行ないます。そこにこそ我々日本人の社会の弾力的活気があると思います。（出所　二〇一二年七月二六日、NBRという英語のネット・グループに掲載された望月稔氏の寄稿文）

(D) 中国の歴史、中国の現状に対して友好的な感情を抱いている人：国民の五％

†世論と政策

インターネット検閲をしている中国でも世論を全く無視した政策は行ないにくい。言論・集会の自由を保障する憲法をもつ日本はなおさらだ。そうかといって、日本の民主主義は代表民主主義で、政策となると、世論調査であらわれる国民の感情・意見・思想よりも、エリートの態度の方が明らかに重要である。

大事なことは、先述の(B)項とした意見群をもっているのは、国民の四〇％であっても、与野党の議員、大新聞の編集部、局長以上の官僚、裁判官、民間企業の取締役といったエリートのなかで、四〇％でなく、八〇〜九〇％を占めると思われることだ。

イランの問題や核不拡散体制の問題に対する、エリートの感覚はほとんどワシントンのそれと一致する。日本の防衛専門家たちは、日本の安全、日本の国益を最大目標として掲げるのだが、実は、日本の国益と米国の戦略とを同一視する傾向が強い。

たとえば、二〇一二年八月一五日に、米国のシンク・タンクから、ハーバード大学のジョゼフ・ナイと元国務副長官アーミテージの報告が出たときの反応が典型的である。ナイ・アーミテージ報告（Joseph Nye, Richard Armitage）はこのときすでに三発目。二〇〇七年の第二発目について、ナイが教授をしているハーバード出版会の宣伝文の書き出しは、以下のように始まった。[107]

世界中で、米国のイメージもかげり、米国の影響力が弱くなりつつある。グローバル問題において、指導的な役割を維持するなら、恐怖と怒りを起こす政策から、希望や楽観主義を普及させる政策に移らなければならない。

しかし、今度の報告書[108]はトーンが全然違う。ナイ抜きで、ワシントンでアーミテージ達の報告紹介のビデオ[109]を見れば、決してそんな謙遜した自己反省を主調とする報告書ではない。

むしろ、アーミテージの紹介の冒頭の言葉を引用した「産経新聞」の報道の仕方のほうが正しい。

日米同盟に関する報告書の要旨は次の通り。日本は一流国家であり続けたいのか、二流国家で満足するのか決断を迫られており、重大な転機にある。[110]

場所は、ワシントンのCSIS（戦略国際研究センター）という、知日家マイケル・グリーン（Michael Green）を対日外交専門家とする、米タカ派のひとつの主要な研究所であった。報告書の趣旨は簡単。また「産経新聞」の言葉を借りれば、「同盟強化へ日本は奮起を」ということになる。米国の日本との同盟はアジア太平洋地域の礎である。だから、もう少しシッカリしなさいよ、日本！ 外交姿勢でも、エネルギー問題でも（原発廃止は愚か）、太平洋の他の民主主義国家との関係改良、FTAやTPPをもう少し熱心に追求しろ、歴史認識の問題を処理して、韓国というもうひとつの（反中）米国同盟国と仲良くしなさい、などなど。

「産経新聞」「読売新聞」以外の新聞の報道は、ぬるいというか、生半可というか、簡単である。「朝日新聞」は我田引水的に、歴史認識にふれたくだりを浮き彫りにした。

†漂流を続けるのか

外交の基本姿勢についての日本のエリートのコンセンサスはさておき、核拡散・不拡散という個別の問題となると、「なるようにしかならない。仕方がない」と要約していいようである。そう思ったのは『中央公論』二〇一二年六月号の座談会[111]を読んだ時である。参加者は歴々の、核問題、戦略問題の専門家（東京財団の渡部恒夫、双日総合研究所副所長吉崎達彦、キヤノングローバル戦略研究所の主幹宮家邦彦）の三人だった。

歴史や現状の事実の認識、将来の展望の予想については、三人とも、この本で私が描いたものとさほど変わらない、ただ、「では、日本政府はどうすべきか」となると、日本国民という資格をもつ三人と、市民権のない門外漢の私とはだいぶ違いが出てくる。たとえば、宮家は、こう述べる。

> 悲観的に一般論を言えば、核の技術が世界に拡散するのは当たり前とも言えます。技術自体はもう六〇〜七〇年前のもので、目新しくもなんともない。少数の大国が独占するという状況のほうに無理がある。北朝鮮が開発しようとしているくらいなのだから、「普通の国」が核を持つようになっても不思議ではないのです。悲しいことです

が、今我々は徐々にNPT体制が風化していく時代の入り口に立たされている。

そこまでは全く同感。ところが宮家があとで、「核が普通の兵器」となる時代への対応をどうするかというテーマに戻る。

では日本はどうしたらいいのか？　結論を言えば、理想論と言われようとも、拡散を止める努力を続けるしかないと思うのです。もし我々が核兵器に対する基本姿勢を変えたら、今まで築き上げてきたアセットをすべて失い、近隣に誤ったシグナルを送ることになるでしょう。

それでも国を守るために核を持つ軍事的なメリットがあるかと言えば、私にはそうは思えない。唯一の被爆国として、NPT体制の風化を阻止するために全力を傾注するのが日本の役割だと考えます。

つまり、タイヤのゴムが薄くなって、いつかはパンクするに違いないのに、タイヤを取り替える店を探さないで、乗り続ける人のように、何とかなってくれることを望むしかないと。宮家の言う「アセット」は分かるが、同時に、日本の姿勢に「広島・長崎にただ乗りして、手を汚したくない独善」とも思われている負の面もある。たとえば、不拡散条約再検討会議で、ニュー・アジェンダ連盟に与することを避けて。

とにかく、米国を怒らせようとも、風化していくNPT体制に取って代わる核統制体制をまじめに建設しようというイニシアティヴをとったら、そのアセットを失うどころか、より価値あるものになっていくだろう。

座談会からもうひとつ引用しよう。今度は渡部の説。第一〇章で述べた、NPT条約から酷く逸脱している米印原子力協定に相次いで、日本も結んでいるインドおよびパキスタンとの核協力関係が話題となったとき、渡部はこういう。

正論を言えば、核不拡散の原則を堅持することと、この二国と協力することとは矛盾します。それを踏まえたうえで、今後いろんな意味で影響力を高める両国との関係をどう切り結んでいくのかも、日本外交が知恵を絞るべき課題だと思います。

「踏まえたうえで」とは、どういう意味なのかはっきり分からないが、もう少し「正論」を尊重するような国になれないのか、日本？　それとも、嫌味を言わせていただくと、三世代も憲法九条をまともに改正しようとしないで、世界六番目の軍事予算で陸海空軍力を築いてきた国民は正論音痴となったのだろうか。

†将来は現在の延長なのか?

この問いかけに答えるならば、「だいたいそうである」となろう。一九四五年から日本は米国に占領され、米国の権力下に入って、その後七〇年が経っても変わらない状態がつづいている。世界戦争でも起きない限り、現状は変わりそうもない。しかし……。

ここに二つの「しかし」を述べたい。

まず、一〇年くらい前に「嫌米思想」という造語が流行したことが示すように、政治的な外交決定をする際には、相手国に対して好意を持っているかどうかは重要な要素である。しかし、歴史が示すとおり、他国に対する「好き・嫌い」はときとともに変わるものである。一九〇二年の日英同盟で「ふたつの島国帝国」が和気藹々の関係になってから、「鬼畜米英」という事態に至るまでたったの四〇年しかかからなかった。

幸いにして、中央調査社が過去の「好きな国:嫌いな国」の世論調査を分析した結果を、web上に発表してくれた。

この数値を見る限りでは、脱亜入欧の基本姿勢は変わらないが、そう固定的なものでもなく、とくに中国に対する感情は、時の出来事によって、相当変わるようである。

年	米国			中国		
	A 好き	B 嫌い	A－B	A 好き	B 嫌い	A－B
60 年代後半平均	36.1	8.3	27.8	2.9	37.0	－34.0
80 年代後半平均	41.4	5.6	35.8	19.1	6.5	12.6
2005 年	36.3	11.2	25.1	6.4	36.6	－30.2

出所）中央調査社

図　日本人の「好きな国、嫌いな国」

†同文同種

「同胞」まではいかなかったが、戦時中、傀儡政府下の中国に対して、日本政府の同化政策の宣伝スローガンとして、「同文同種」がある程度まで効果があったようである。逆に使われる可能性は考えられる。

第三章で引用したが、「中国はいろいろパワーとなる資源はもっているが、まだまだ米国のそれに匹敵しない。とくにいわゆるソフト・パワーの面で――政治的価値およびシビル・ソサイエティの魅力」と書いた、中国共産党中央委員会の研究所の趙明昊（Zhao Minghao）のような北京のハト派が優勢になって、中国が、最近の一〇年間台湾に向けていたような、日本向けのチャーム・オフェンシヴをしてきたら、かなり効果があるだろう。たとえば、私が中国外務省の文化政策局長だったら次のような策略を考える。

・東京昌平坂にある「孔子廟」および岡山県にある聖廟を立派に改造するための、莫大な基金を寄付する。あわせて、北京博物館から周代に祭祀で用いられた素晴らしい彝器や鐘などの貴重品も寄付し、中国大使が、春の「釈奠《しゃくてん》」(孔子祭)に派手に参列したりする。

・御用歴史学者ではない、日本史に興味のある中国人の歴史学者に、儒教の影響下の日本についての開放的な歴史を書かせる。「中国がホンモノの文明の本源」という中華ナショナリズム的な史観ではなく、各賞金なども出して、日本の歴史を客観的に叙述してもらう。論点としては、たとえば、

・聖徳太子は、国家指導者として立派な偉人であった。
・孔子孟子の著書を解釈・理解する儒教の伝統において、伊藤仁斎、荻生徂徠などが突出して優れていた。
・漢詩の世界、趣味はいろいろありうるが、頼山陽はとにかく一流のほうであった。

などなどの結論に達して、それが中国・日本の常識となるかもしれない。

†終わりに

ここまでお供をしてくださった読者がいらっしゃれば、お礼申し上げたいと思います。おじいさんの偏見、空想、信念を晒していただいて、ありがとう。まんざら、退屈な本と片付けられさえしなければ、満足しております。

あとがき

若い頃には、一年間で本を書き上げるということは夢にも考えませんでした。ましてや、自分の専門外のテーマについて。図書館に通いつめたり、新聞を切り抜いたり、資料を探すのがホンモノの学問でした。今は、ほとんどなんでもインターネットで探せる時代となって、とくに時事問題を扱うのなら、ずいぶん楽になりました。

世の中が変わりました。しかし一つ変わらないのは、友人の刺激、友人と議論して生まれたアイデア、友人の批判の大切さです。以下の人たちのなかに一〇〇パーセント私の主張に賛成の方は、おそらく一人もいないでしょうが、それでも、資料を見つけてくれたり、アイデアを盗ませてくれたり、文章を直したり、書いたものを批判したりしてくれたり、大いに助けて下さった人たちに、深くお礼申し上げます。敬称、肩書き抜きで失礼ですが、とくに、Rodney Armstrong、東伸行、一政祐行、稲上毅、猪木武徳、国広正彦、宮川真喜男、二宮三郎、緒方四十郎、George Olcott、Giulio Pugliese、鈴木不二一、若宮啓文、渡邉昭夫、渡邉幸二、前場ゆかり、に大いにお世話になりました。
そして特筆すべきは、筑摩書房の永田士郎です。なるべく早く出そうとすごいペースで編集を進めて、私の文章のトーンを殺さないで、その乱暴なところをちゃんと均《なら》しながら、同時に内容や論述の順序について、いいアドヴァイスもくれました。深くお礼を申し上げます。

あとがきを書いてから出版まで、五、六週間待たなければならないのは当たり前でしょうが、時事問題をテーマとする書を出版する場合に困るのは後知恵です（というより後情報というべきかもしれません）。

たとえば、第一二章で引用した、アーミテージ・ナイ報告の評価として、八月三〇日付「日本経済新聞」（電子版）が伝えた、オーストラリアの学者が「既得権益層の言い分、官僚的（特に（米）国防総省的）な現状の予算維持を狙うロビー活動」という評価については、本文で言及したかった（第三章で、ドライスデイル教授を引用して、オーストラリアの知識人の間で、米国と距離を置いて、中国と友好関係を作るべきだという意見が強まったという指摘を裏づける情報）。
それより大きな事件ですが、私は九月一六日から月末まで北京に滞在し、満州事変記念日の一八日に、丹羽大使を訪ねようとしたら、すごいデモに遮られて辿りつけなかった。また、中国人のいろいろな友達と、尖閣／釣魚諸島の事件を議論する機会を得たことは印象的な経験でした。従来、日中の友好関係を望んできた中国人たちが、日本に裏切られていると感じていることはひとつの発見でした。中国は、周恩来・鄧小平の言葉に従って、「自国の領土だと思っているが、この問題は当分のあいだ棚上げにしよう」ということで、その口約束を守ってきました。しかし、石原都知事の介入以来、日本はその口約束を破った。とくに、中国の立場を無視して、棚上げされたはずの問題を一方的に決裁する「国有化」という主権の主張はそうである、と。

主権の問題を国際司法裁判所に付託したら、どちらが勝つか私には全く分かりません。私の歴史の知識は不十分ですが、見聞きした限り、両国の論法には一応の説得力があります。しかし、私から見れば、野田政権と日本のメディアが一斉にとった「紛争は存在しない」という線ほど、不毛で愚かな姿勢はありません。

一億一心の団結が固いようです。メディアは、はだかで「尖閣」と決して書かず（言わず）に、「沖縄県、尖閣」と枕詞をつけないと非国民呼ばわりされるような雰囲気になりました。外務省OBのシンク・タンク「日本国際問題研究所」が野田総理に「提言」をしましたが、そこで語られたのは強がりばかりで、具体的な提案はひとつのみ――米国が中立の立場を放棄して、日本を支持するように極力請求しろ――でした。[112] 全くさびしい状態になりました。

中国政府が明らかに奨励していたデモ・暴力がたけなわになった一八日に、「朝日新聞」に私見を投稿しました。最後の部分を以下に転写します。

なぜ、中国が国際司法裁判所に提訴しないのかというと、完全に勝つという自信がないからだろう。そして負けた場合の民衆の反応が怖いから。と同時に、尖閣で、もし衝突があって、本気の戦争にエスカレートしたら、米国の介入はさておいて、日本の自衛隊に絶対勝てるという自信もない。だから、マヒ状態で民衆が静まるまで待つしかない。

もうひとつの「なぜ」。なぜ野田総理が以下のような声明を発表しないのか。「国交回復の記念日を前にして、日中関係がこれほど悪化してきたことはまことに遺憾です。友好関係の回復ほど緊急な問題はないと思います。中国が、日本が尖閣諸島を日本の領土とするのが国際法に違反すると思うなら、国際司法裁判所に提訴してください。日本は、国際司法裁判所条約のときに、いつ、誰から提訴されても、裁判所の受理を妨げない条項を受容したのですから。

もしそうしてくれなかったら、いつまでも喧嘩していられませんから、日本は安保理事会に、中国の態度は「平和への脅威」なので、中国にＩＣＪ提訴を勧告する決議案を要求します」

これくらいのことが言えないほど、安倍晋三ナショナリズムに真っ向から対抗する勇気が野田総理にはないのだろうか。

先日、東郷和彦大使のあるウェブ・フォーラムへの投書によると、一九九八年に鄧小平が日本を訪問したとき、棚上げ論を繰り返したばかりでなく、共同開発の提案も出したそうです。また、福田康夫元総理が中国を訪問したときには、別の海域での石油共同開発協定の最初の案にサインもしました。

その線に沿って進む方法はないのでしょうか。歴史的なモデルとして、英国およびオランダの一八世紀の国策会社、イギリス東インド会社、オランダ東インド会社——自国の海軍が支配した後に植民地となる地域に、初期の開発を目的とし、国家主権に準ずる排他的開発権を委ねられた株式会社——を一つのモデルと考えていいでしょう。段取りは、たとえばこう考えられます。

①まず、中国が国際司法裁判所に、「釣魚諸島は我々のものだ」と訴えるように説得

する。裁判所が決して急がないようにと密かにヒントをあたえる。
② まだ裁判中の時間に、日中両国が秘密外交で、「開発会社」案を練る。
③ 考えられる基本組織
　a 最初の資本金は、日本三三％、中国三三％、市場調達三三％。
　b 両国の株はゴールデン・シェア、つまり取締役の決定に対して拒否権を持つ。
　c それ以上の資本は市場で調達し、株式も社債も発行できる。
　d 両国は、司法裁判所が（主権）の問題についてどんな判決を出しても、二〇〇海里の排他的開発圏でのあらゆる開発権をその会社に委ねる。

日中関係悪化のコスト（中国にとってのコストよりも大きい日本のコスト）を払うよりよっぽどいいと思います。

さて、この本であまり想定していなかった。米中に先立った、日中の対立から、この本を書く一つの大きな動機となった、中東の状態に視線を転じよう。
最近の英語圏のジャーナリズムの流行り言葉に、「赤線」（Red line）というものがあります。その意味は、いかがわしい区域をあらわすのではなく、「交渉を続けてもいい限界線」「それ以上には譲歩しない、〝問答無用〟となる線」の意味です。今朝の新聞が報じるところによれば、イスラエルのネタニヤフ首相が、オバマ大統領を指して、「〔イランとの〕交渉に赤線を設定することを断る人たちは、イスラエルに赤信号を見せる道徳上の権利がない」と言い放ったそうです。

この本が出版される頃には、もうすでにイスラエルがイランを爆撃しているかもしれません。それとも、イスラエル国内で現在は慎重派が優勢なようですから、ネタニヤフの意図はただ、大統領選挙でユダヤ人票をロムニーに向かわせるだけなのかもしれません。ロムニーが大統領となったら、イラン爆撃はより効率的な米国との共同作戦になることを期待して。

第二次大戦後、国連をつくった人たちは、二度と同じような戦争が起こりえないように、侵略を完全に抑止するための「赤線」を引く制度をつくろうとしました。その発想は、各国内の治安維持制度を世界の規模に拡大するものでした。社会連帯意識に裏づけられた各国の刑法という「赤線」の総合体によって治安が維持されるのと同じように、国際社会でも、人類の連帯意識に裏づけられた国連憲章の第七章の設置によって、世界平和を永遠に維持できるという夢でした。

ただ、国連憲章に善意があったとしても、それは戦勝国の人間に限られた善意にすぎませんでした。敗戦国ドイツ、日本、イタリアは憲章に「敵国」と指定されているだけに、「人類連帯意識に裏づけられた」憲章だとはいえません。

それでも、ヴェルサイユで作られた、一九一九年の国際連盟と比べると、ひとつの進歩でした。白紙に戻して、もういちど作りなおせないでしょうか。

国連総会やNPT再検討会議のように一九〇ヵ国の参加は明らかに無理で、今度は草案参与国に、一九四五年の戦勝者であり安保理事会の常任理事国である五ヵ国のほかに、日本、ドイツ、インド、インドネシア、イラン、ブラジルが加わるのでしたら、「人類の連帯意識を反映するG11」となれるかもしれません。

ただ、今までの経験からすると、第三次世界大戦のような大きな出来事が起こらない限り、なかなかそのような抜本的な作業は行なわれません。その意味で、ネタニヤフ・イスラエル首相が「赤線を侵して」世界戦争を起こしたら、究極的には「自分の意図に反して人類の進歩に貢献した人」として、歴史に残るかもしれません。

ロナルド・ドーア

Grizzana, 5 October 2012

注

1 朝河貫一（1873-1948）米国イェール大学教授。私は、半世紀前に日本通史の講義をしていたとき、「入来」という荘園の歴史を書いた、すばらしい歴史家としてしか意識していなかったが、『日本の禍機』の著者でもあったことを渡辺昭夫教授に教えていただいた。大いに感謝しています。朝河については、矢吹晋『朝河貫一とその時代』（花伝社、2007年）を参照した。

2 http://www.kantei.go.jp/jp/noda/statement2/20110913syosin.html

3 詳しくは、憲章の53条、77条、107条参照。

4『村田良平回想録』から岡崎久彦が引用。岡崎研究所「戦後とは何であったか ——『村田良平回想録』に思う」2008年12月26日 http://www.okazaki-inst.jp/official/okazaki-inst/2008/12/post-17.html

5 Steven Pinker, *The Better Angels of our Nature: the decline of violence*, New York, Viking, 2011.

6 "Annual Report on Military and Security Developments Involving the People's Republic of China" of the National Defense Authorization Act for Fiscal Year 2010, Public Law 111-84, which amends the National Defense Authorization Act for Fiscal Year 2000, Section 1202, Public Law 106-65.

7 事件のあらましは、英文 Wikipedia による。

8 *National Security Strategy*, The White House, 17 September 2002. http://merln. ndu.edu/whitepapers/USnss2002.pdf

9 http://www.21ccs.jp/china_watching/KeyNumber_NAKAMURA/Key_number_59.html

10 *New York Times*, 5 September 2011.

11 ひとつの例として、http://bbs.chinadaily.com.cn/thread-667071-1-1.html

12 インターネットによる、反米親中の宣伝サイトの一例として、http://bbs.chinadaily.com.cn/thread-667071-1-1.html を参照した。

13 *Los Angeles Times*, 23 July 2010.

14 http://www.voanews.com/english/news/asia/UN-Security-Council-Takes-Up-Cheonan-Sinking-96341004.html

15 http://www.un. org/News/Press/docs/2010/sc9975.doc.htm

16 Gregory Elich, "The Cheonan Incident; Pretext for threatening North Korea", *Global Research* 5 December 2010, alresearch. ca/index.php?context=va&aid=2227

17 Peter Lee, "South Korea Reels as US backpedals", *Asia Times*, 24 July 2010. http://www.atimes.com/atimes/Korea/LG24Dg01.html

18 Peter Lee. *Op. cit.*

19 "A sea-change in US-China Relations?" *Wall Street Journal* 17 July 2010. http://blogs.wsj.com/chinarealtime/2010/07/17/a-sea-change-in-us-china-naval-relations/

20 田中宇の国際ニュース解説無料版 2012年7月18日 http://tanakanews.com/

21 http://www.cleveland.com/world/index.ssf/2010/08/chinese_aircraft-carrier-kille.html

22 森本敏メールマガジン——国際・国内情勢を読み解く！現状分析から将来まで www.mag2.com/o/journal/2012/0605.html

23 Insight: From a ferry, a Chinese fast-attack boat, http://uk.reuters.com/article/2012/06/01/uk-china-military-technology-idUKBRE84U1HK20120601

24 Scarborough Shoal stand-off sparks protests, www.aljazeera.com/indepth/features/.../2012512191343212584.html

25 Derek Bolton, "Pivoting Towards The South China Sea?—Analysis", *Eurasia Review*, 16 June 2012. http://www.eurasiareview.com/16062012-pivoting-toward-the-south-china-sea-analysis

26 Council on Foreign Relations, http://www.cfr.org/asia/clintons-speech-americas-engagement-asia-pacific-october-2010/p23280

27 http://edition. cnn. com/2012/04/20/world/asia/china-react-india-missle/index.html?iid=article_sidebar

28 http://www.eastasiaforum.org/2012/07/16/china-and-india-as-strategic-partners

29 Rommel C. Banlaoi, "Emerging cold war in the Spratlys", *Philippine Star*, 24 June 2011, http://www.philstar.com/nation/article.aspx?publicationsubcategoryid=200&articleid=699467

30 Mark E. Manyin, *US-Vietnam Relations in 2011*, Congressional Research Service, https://www.fas.org/sgp/crs/row/R40208.pdf

31 http://www.ft.com/intl/cms/s/0/4d3badc0-8867-11e0-a1c3-00144feabdc0.html#axzz1y4hVHLiL

32 US Department of State, *Background Note: Indonesia* http://www.state.

gov/r/pa/ei/bgn/2748.htm

33 Wikipedia「思いやり予算」の分析を参照。

34 *Joint Statement of the Security Consultative Committee: Toward a Deeper and Broader US-Japan Alliance*, 21 June 2011.

35 The US-Japan 2+2 Joint Statement on April 27th http://www.mofa.go.jp/region/n-america/us/security/scc/pdfs/joint_120427_en. pdf

36 2012年4月29日

37 U—I 速報 http://u1sokuhou.ldblog.jp/archives/50354802.html

38 森本敏メールマガジン——国際・国内情勢を読み解く！現状分析から将来まで http://www.mag2.com/m/P0007349.html

39 http://english.ahram.org.eg/NewsContent/2/0/42003/World/0/China-pursuing-steady-military-buildup-Pentagon. aspx

40 http://uk.reuters.com/article/2012/06/04/uk-usa-china-security-idUKBRE8530BX20120604

41 http://online.wsj.com/article/SB10001424052702303552104577443443999084960.html?mod=googlenews_wsj

42 http://www.nytimes.com/2012/06/05/opinion/hang-on-leviathan-hang-on. html

43 http://www.ft.com/cms/s/0/e98dd6d4-ad6f-11e1-bb8e-00144feabdc0. html#ixzz1wqnxqOyS

44 http://www.newsweekjapan. jp/stories/world/2012/06/post-2565.php

45 David Pilling, "Clinton's talk of democracy in Asia lacks precision", *Financial Times*, 11 July 2012

46 勇気ある記者の賄賂、圧迫を暴露する業績およびその自由の限界について. Haiyang Wang, "The return of political protest in China", *Financial Times*, 16 July 2012.

47 Minghao Zhao, "The Predicaments of Chinese Power", *International Herald Tribune*, 13 July, 2012.

48 Review by Martin Jacques of Aaron L. Friedberg.A CONTEST FOR SUPREMACY：China, America, and the Struggle for Mastery in Asia, New York, 2011 in *New York Times*, 23 Septembr 2011, Jacques was the author *of "When China Rules the World: The End of the Western World and the Birth of a New Global Order."* London Allen Lane, *2009.*

49 Dobbins, James, David C. Gompert, David A. Shlapak and Andrew Scobell. Conflict with China: Prospects, Consequences, and Strategies for Deterrence. Santa Monica, CA: RAND Corporation, 2011. http://www.

rand.org/pubs/occasional_papers/OP344.

50 Arvind Subramanian, *Eclipse: Living in the Shadow of China's Dominance*, Peterson Institute, 2011.

51 Foreign Affairs, Sep/Oct 2011, vol 90, v.

52 By Andrew J. Nathan Foreign Affairs, Mar/Apr 2012. Vol 91.ii.

53 Derek Scissors, "The Wobbly Dragon" (ぐらぐらの竜) *Foreign Affairs*, Jan/Feb, Vol 91, i.

54 Amitai Etzioni, "The Chinese are Coming", *The National Interest*, 7 May 2012. http://nationalinterest.org/commentary/the-chinese-are-coming-6890

55 http://edition. cnn. com/2012/03/14/opinion/kagan-world-america-made/index.html

56 Paul Kennedy, "American Power Is on the Wane" *Wall Street Journal* 15 Jan 2009.

57 Eric X. Li, "Hang on, Leviathan. Hang on" *New York Times*, 4 June 2012. http://www.nytimes.com/2012/06/05/opinion/hang-on-leviathan-hang-on. html 9Henry A. Kissinger," The future of US-China relations", *Foreign Affairs*, March-April 2012

58 Kenneth N. Waltz, "Why Iran Should Get the Bomb" *Foreign Affairs*, 00157120, Jul/Aug2012, Vol. 91, Issue 4

59 Scott D.Sagan and Kenneth N. Waltz, *The Spread of Nuclear Weapons: A debate renewed*, New York, W. W. Norton, 2003.

60 John Mueller, *Atomic Obsession: Nuclear Alarmism from Hiroshima to Al Qaeda*, New York, OUP, 010, p. 117.

61 Ibid, p. 129.

62 Wolf Mendl, "The Background of French Nuclear Policy" *International Affairs*, (Royal Institute of International Affairs), 1965.

63 Professor Oliver Stuenkel, as quoted in Trita Parsi, *A Single Role of the Dice: Obama's Diplomacy with Iran*, New Haven, Conn.: Yale University Press, 2012, p. 177.

64 http://www.tv-asahi.co.jp/ann/news/web/html/210620028.html

65 Jeffrey Lewis, *The Minimum Means of ReprisaL: China's Search for Security in the Nuclear Age*, American Academy of Arts and Sciences, 2007.

66 David Masci, *Darwin Debated: Religion vs. Evolution*, Pew Research Center's Forum on Religion & Public Life, February 4, 2009. http://pewresearch.org/pubs/1105/darwin-debate-religion-evolution

67 JohnMearsheimer and Stephen Walt, "The Israel Lobby", *London Review of Books*, Vol. 28, No. 623 , March 2006.
68 Wikipedia, 思いやり予算項から計算した。
69 Norman G Finkelstein, *Knowing Too Much: Why the American Jewish Romance with Israel is Coming to an End*, New York, OR Books, 2012.
70 *New York Times*, 9 July 2012.
71 Joseph Stiglitz, *The Price of Inequality: How today's divided society endangers our future*, New York, Norton, 2012.
72 http://www.uspto.gov/web/offices/ac/ido/oeip/taf/cst_utl.htm 1968年 以後の総計では、イスラエルの人口100万人当たりの米国登録特許数は2016で、日本は3880。米国自体についでナンバー2だったドイツは1731.
73 Seymour Hersh, U.S. Helped Plan Israeli Attack, Cheney"Convinced" Assault on Lebanon Could Serve as Prelude to Preemptive Attack on Iran, *New democracy*, August 14, 2006 (www.democracynow.org).
74 Seymour Hersh, *The Samson Option; Israel, America and The Bomb*, London, Faber and Faber, 1991, (『サムソン・オプション』山岡洋一訳、文藝春秋、1992年)
75 *New York Times*, 12 July 2012.
76 社説 ,"Iran's nuclear quest", *International Herald Tribune*, 29 Aug. 2012.
77 http://www.afpbb.com/article/war-unrest/2898215/9437981?ctm_campaign=txt_topic
78 http://www.un. org/ga/search/view_doc.asp?symbol=S/PV.6786、6786th Meeting 27June 2012
79 Robert Collier et al, "Bush had damaged credibility of the United States", *International Herald Tribune*, 5 November 2004.
80 Vincent Boland, "ElBaradei in Israel in bid to curb nuclear weaons" *Financial Times*, 9 July 2009.
81 http://edition. cnn. com/2012/03/08/opinion/ghitis-iran-conflict/index.html
82 Julian Borger, "Nuclear Wikileaks: Cables show cosy US relationship with IAEA chief", *Guardian*, 30 November 2010 (www.guardian. co.uk/world/julian-borger).
83 Professor Oliver Stuenkel, as quoted in Trita Parsi, *A Single Role of the Dice: Obama's Diplomacy with Iran*, New Haven, Conn.: Yale University Press, 2012, p. 177, and re-quoted in Steven E. Miller et al., *Nuclear Collisions: Discord, Reform and the Nuclear Nonproliferation Regime*,

American Academy of Arts and Sciences, 2012.

84 Steven E. Miller et al., *Nuclear Collisions: Discord, Reform & the Nuclear Nonproliferation Regime,* American Academy of Arts and Sciences, March 2012.

85 Leslie Berowitz in ibid.

86 J. E. Endicott, "Japan's 1975-6 debate over ratification of the NPT", *Asian Survey, 17, iii*

87 村田良平『村田良平回想録』下巻、ミネルヴァ書房、2008 年、315 ページ

88 Christopher Spearin, *Rapporteur's Report, Conference on Nuclear Weapons,* Canada, 1998 http://www.globalcentres.org/html/docs/rap_port.html

89 会議の概要は川崎哲、梅林宏道、報告：NPT 2000 年再検討会議（ピース・デポは会議の概要をよく要約している)。www.peacedepot.org/theme/nuke/nuke-2.html

90 Harsh V. Pant, *The US-India Nuclear Pact: Policy, Process and Great Power Politics,* New Delhi, OUP, 2011.

91「赤旗」2007 年 8 月 21 日

92 http://www.huffingtonpost.com/2009/04/05/obama-prague-speech-on-nu_n_183219.html

93 http://www.nytimes.com/2009/06/04/us/politics/04obama.text.html?pagewanted=all

94 Henry Kissinger et al. "Toward a Nuclear-free World", *Wall Street Journal,* 4 Jan 2007, 15 Jan 2008, 2 Feb 2011.

95 Ibid. 2011.

96 Joseph Kagan, *The world America Made,* New York, Alfred A. Knopf, 2012 およびその批判的書評、Amitai Etzioni, "The world America didn't make", *National Interest,* March 2012.

97 Henry Kissinger and Brent Scowcroft, "Nuclear weapons reductions must be part of a strategic analysis", *Washington Post,* 23 April 2012.

98 "Nuclear Time Warp", *New York Times,* 10 June 2012.

99 http://www.the-journal.jp/contents/newsspiral/2010/09/2010_npt_1.html

100「赤旗」2010 年 6 月 2 日

101「毎日新聞」2012 年、4 月 30 日

102 若宮啓文『闘う社説』講談社、2008 年

103 田中宇「北朝鮮で考えた」http://tanakanews/com 13 May 2012

104 http://en. wikipedia.org/wiki/Brian_Urquhart

105 http://www.kantei.go.jp/jp/noda/statement2/20110913syosin.html

106「日本経済新聞」2012年8月28日夕刊。総理がその案を受けたのは15日で、閣議決定になったのは27日。

107 http://belfercenter.hks.harvard.edu/publication/18101/nyearmitage_report.html

108 Richard Armitrage and Joseph Nye, The US-Japan Alliance: Getting Asia Right through 2020, Washington, CSIS Report.

109 vimeo.com/47610888

110 *http://sankei.jp. msn. com/politics/news/120819/plc12081903150002-n1.htm*

111「座談会：イランが導火線となり、世界の核拡散が幕を開ける」『中央公論』2012年6月号

112 Japan Institute of International Affairs *The Senkakus: Actions to Keep The Situation Under Control* September 24, 2012

ちくま新書
984

日本《にほん》の転機《てんき》
——米中《べいちゅう》の狭間《はざま》でどう生《い》き残《のこ》るか

二〇一二年一一月一〇日　第一刷発行

著　者　ロナルド・ドーア
発行者　熊沢敏之
発行所　株式会社筑摩書房
東京都台東区蔵前二-五-三　郵便番号一一一-八七五五
振替〇〇一六〇-八-四一二三
装幀者　間村俊一
印刷・製本　株式会社精興社

乱丁・落丁本の場合は、左記宛にご送付下さい。
送料小社負担でお取り替えいたします。
ご注文・お問い合わせも左記へお願いいたします。
〒三三一-八五〇七　さいたま市北区櫛引町二-六〇四
筑摩書房サービスセンター　電話〇四八-六五一-〇〇五三

ISBN978-4-480-06689-3 C0231

ちくま新書

535
日本の「ミドルパワー」外交
――戦後日本の選択と構想
添谷芳秀
「平和国家」と「大国日本」という二つのイメージに引き裂かれてきた戦後外交をミドルパワー外交と積極的に位置付け直し、日本外交の潜在力を掘り起こす。

722
変貌する民主主義
森政稔
民主主義の理想が陳腐なお題目へと堕したのはなぜか。その背景にある現代の思想的変動を解明し、複雑な共存のルールへと変貌する民主主義のリアルな動態を示す。

801
「中国問題」の核心
清水美和
毒ギョーザ事件、チベット動乱、尖閣諸島、軍事大国化、米国との接近――。共産党政権の内部事情を精確に分析し、建国60周年を迎えた「巨龍」の生態を徹底分析する。

803
検察の正義
郷原信郎
政治資金問題、被害者・遺族との関係、裁判員制度、検察審査会議決による起訴強制などで大きく揺れ動く検察の正義を問い直す。異色の検察ＯＢによる渾身の書。

885
過激派で読む世界地図
宮田律
コロンビア革命軍、ソマリアの海賊、タリバン。世界では、まだまだ過激派が社会に影響を与えている。彼らの思想や活動から、忘れ去られている世界地図を描く。

905
日本の国境問題
――尖閣・竹島・北方領土
孫崎享
どうしたら、尖閣諸島を守れるか。竹島や北方領土は取り戻せるのか。平和国家・日本の国益に適った安全保障とは何か。国防のための国家戦略が、いまこそ必要だ。

980
アメリカを占拠せよ！
ノーム・チョムスキー
松本剛史訳
アメリカで起きつつある民衆の自発的蜂起が止まらない。金持ちから社会を奪還できるか。連帯は可能か。政治に絶望するのはこの本を読んでからでも遅くない！

ちくま新書

846 日本のナショナリズム　松本健一
戦前日本のナショナリズムはどこで道を誤ったのか。なぜ東アジアは今も一つになれないのか。近代の精神史の中に、国家間の軋轢を乗り越える思想の可能性を探る。

859 倭人伝を読みなおす　森浩一
開けた都市、文字の使用、大陸の情勢に機敏に反応する外交。——古代史の一級資料「倭人伝」を正確に読みとき、当時の活気あふれる倭の姿を浮き彫りにする。

863 鉄道と日本軍　竹内正浩
いつの時代も日本の急成長を支えた鉄道。その黎明期に、国内から半島、大陸へ、大日本帝国の勢力拡大に果たした役割とは。軍事の視点から国策鉄道の発展をたどる。

895 伊勢神宮の謎を解く——アマテラスと天皇の「発明」　武澤秀一
伊勢神宮をめぐる最大の謎は、誕生にいたる壮大なプロセスにある。そこにはなぜ、二つの御神体が共存するのか？神社の起源にまで立ち返りあざやかに解き明かす。

933 後藤新平——大震災と帝都復興　越澤明
東日本大震災後の今こそ、関東大震災からの復興を指揮した後藤新平に学ばねばならない。都市計画研究の第一人者が、偉大な政治家のリーダーシップの実像に迫る。

948 日本近代史　坂野潤治
この国が革命に成功し、わずか数十年でめざましい近代化を実現しながら、やがて崩壊へと突き進まざるをえなかったのはなぜか。激動の八〇年を通観し、捉えなおす。

957 宮中からみる日本近代史　茶谷誠一
戦前の「宮中」は国家の運営について大きな力を持っていた。各国家機関の思惑から織りなされる政策決定を見直し、大日本帝国のシステムと軌跡を明快に示す。